幸福実現党宣言

The Happiness Realization Party

この国の未来をデザインする

まえがき

国の理想を国是《こくぜ》として明確にすることは、とても大切なことです。本書では、現行の日本国憲法の問題点を指摘しつつも、あるべき国の姿をどうデザインすべきかを、私の考えとして述べてみました。

その結果、現実に国民を救済し、幸福を具体化するためには、やはり宗教活動だけでは不十分であり、宗教法人とは別に政治団体を旗揚げする必要があると考えるに到りました。

現在はまさに国難の時代にあたっており、同時に、国の舵取《かじと》り次第《しだい》で、未来を切り拓《ひら》くことができる時代の分岐点《ぶんきてん》にもあたっています。

幸福の具体化の方法論として、現実の政治運営、立法、外交、経済対策、防衛問題等は、政党の次元で活動した方がよいと判断し、このたび『幸福実現党』という責任政党を創立することにしました。国民の各界の人々から、多数のご賛同を得られることを心から望みます。

二〇〇九年　五月吉日

国師《こくし》　大川隆法《おおかわりゅうほう》

幸福実現党宣言　目次

第2章　この国の未来をデザインする

第3章　「幸福実現党」についての質疑応答

第1章

幸福実現党宣言

1　仏国土《ぶっこくど》・地上ユートピアの建設を目指す

間接的提言だけでは責任を果たせない

「幸福実現党宣言」というテーマで述べていきます。

読んで字のごとく、「幸福実現党」というものを考えています。

幸福の科学は、さまざまな活動を行い、社会的提言もなしてきました。また、その過程で、政治家にも、いろいろと具体的な政策の提案等もしてきましたし、今後も続いていくとは思いますが、あくまでも間接的なものにとどまっています。

しかし、当会の本来の教えから言うと、「愛・知・反省・発展」の「発展」の教えのなかには、「仏国土《ぶっこくど》・地上ユートピアの建設」という目的が明確に入っています。「仏国土・地上ユートピアの建設」であって、「仏国土・天上界《てんじょうかい》ユートピアの建設」ではありません。

「地上ユートピア」という言葉が入っている以上、地上における何らかの積極的かつ具体的な行動というものが予定されているわけであり、その時期を待っていたと言うべきかと思います。一定の社会的勢力を持たなければできないことも数多くあるので、その時期を待っていたのです。

今まで教義を練り重ねてきて、また、具体的な政治活動を、ときおり、部分的には実施《じっし》に移すということであったと思います。

しかし、今、幸福の科学が日本の代表的宗教に変身しつつあるなかで、いつまでも、逃《に》げ隠《かく》れしたり、陰《かげ》で糸を引いたりしているように言われているだけで収まっていてはいけないでしょう。

正しい行動であるならば、正々堂々と、その考えや意見を述べ、活動すべきであると思います。

そして、自らの思想、信条、考え方の内容を、この世において現実に具体化すべく、自らの力で努力する工夫《くふう》が必要です。

間接的に実現できることも数多くありますが、それだと、やはり、非常に迂回《うかい》する面もあり、時間がかかることもあり、また、妥協《だきょう》の産物となることもあります。

したがって、少なくとも、この世的なかたちにおいて、当会の仏国土ユートピアづくりの運動のメッセージをストレートに発信し、かつ、実際に活動できる機関が必要な時期がやってきたと思います。

例えて言うならば、教育界において、「教育は、かくあるべし」ということを、宗教の枠《わく》のなかで発言することは、当然、できることではあります。しかし、最初はそういう活動をしていても、一定の考えがまとまってくると、「宗教を取り入れた教育」というものを、現実に行ってみたくなるものです。

そういうかたちで、当会でも、学園というものが必要になってきて、今、「宗教をバックボーンとした学園を建てて、実際の教育活動を行う」ということに取り組んでいます。

雑誌「ザ・リバティ」（幸福の科学出版刊）などを見ても分かるとおり、当会は、宗教にしては、いささか極端《きょくたん》なところまで、政治経済的、国際的な発言をしており、その見識と言説は、すでに政治家や評論家の域を超《こ》えているものがあると自負しています。

これを他人事《ひとごと》のように言い続けるだけで、はたして責任が果たせるのかということについては、大いなる疑問があります。

教育についての提言として、例えば、「いじめは、いけない」「真理が入っていない教育は駄目《だめ》だ」などということを、外から言うことはできるのですが、現実の学校そのものは、一切、外部から手を出すことができないような状態になっています。

そのように、学校が、「学問の自由を掲《かか》げ、外部からの圧力をはねつける」というスタイルであることによって、いじめや非行が蔓延化《まんえんか》しているのであれば、やはり、宗教を含《ふく》んだ教育が具体的になされなければなりません。

それと同様に、政治のほうでも、「世の中の人々を幸福にする」という目的の下《もと》において、共通項《こう》があるならば、やるべきことはやらなければならないと考えます。

幸福の実現のための政治的機関が必要な時期が来た

特に、当会は、「幸福の科学」という名称《めいしょう》でもって、「幸福の実現」を強く希求している団体です。しかも、その幸福の内容は、当初より、「この世とあの世を貫《つらぬ》く幸福」であることを明言していて、それは二十年以上前にまで遡《さかのぼ》るものなのです。

すなわち、浄土真宗《じょうどしんしゅう》のように、「欣求浄土《ごんぐじょうど》」「厭離穢土《おんりえど》」「この世は穢《けが》れているので、あの世で成仏《じょうぶつ》して幸福になればよい」というように考えて、この世の幸福を放棄《ほうき》し、一向一揆《いっこういっき》を起こすようなかたちの政治運動を目指しているわけではありません。

「この世とあの世を貫く幸福」と言っている以上、「真理を学び、実践《じっせん》している人たちが、この世においても、それなりの輝《かがや》きを放つような生き方ができる世界を具現したい」という願いを持っています。

そのための大いなる道具として、政治的機関が必要な時期が到来《とうらい》したのではないかと思います。

私自身には、やや慎重《しんちょう》すぎる傾向《けいこう》があるため、各種の発言をしつつも、政治的機関をつくることは遅《おく》れ気味であったのですが、今年は『勇気の法』（幸福の科学出版刊）発刊の年でもあり、「そろそろ決断すべきときが来た」と考えています。

それによって、かなりの波風が起きることは予想しています。しかし、世間を見ると、「自民党にも満足せず、民主党にも満足せず」という人たちが、いったい、どこに現実の政治を託《たく》したらよいのかが分からずに、迷っている状況《じょうきょう》にあります。

そうかといって、中道政党を名乗っていた公明党が、その受け皿になっているとは、到底《とうてい》、言えない状態です。

また、その他もろもろの左翼《さよく》系の政党においても、現実離《ばな》れが激しく、決して国民の負託《ふたく》に堪《た》えるようなものではないと思います。たとえ、自民党を倒《たお》し、もろもろの野党が連合したところで、寄せ集め所帯では、必ずしも正しい政治が実現できるとは思えません。

こうしたことを背景にして、当会の数多い政策提言等の実績を踏《ふ》まえ、新たに、幸福の科学の考えの下《もと》に、政治的団体を結成すべきときが来たと考えています。

マルクスの「共産党宣言」の正反対のものを目指す

本書には「幸福実現党宣言」という題を付けましたが、一八四八年にマルクスが出した『共産党宣言』の向こうを張ったつもりです。『共産党宣言』のために、そのあと人類は百五十年以上も苦しんだのです。

結局、唯物論《ゆいぶつろん》国家をつくる文明実験をされてしまったので、こちらは、「幸福実現党宣言」において、その正反対のものを目指したいのです。

「幸福実現党宣言」は、「神仏の存在を認め、正しい仏法真理《ぶっぽうしんり》を信じる人々の力を結集して、地上に、現実的ユートピアを建設する運動を起こす。そして、その政治運動を、日本を起点として起こしつつも、万国の人々にもまた波及《はきゅう》させていく。正しい意味での世界同時革命を起こすつもりである」という宣言です。

このように、「マルクスの逆をやるつもりである」ということであり、人類を不幸にする一切の政治的な勢力と決別し、対決し、真理を地上に根づかせて、その真理に基づいた国家運営、政治運営をなしたいと考えています。

そういうことを具体的に実行していきたいのです。

すなわち、「発言をする以上、結果にも責任を取りたい」と考えているわけです。

そこで、衆議院の解散等も近づいているため、やや急いではいますが、政党を結成しようと考えています。

もちろん、国会のみならず、地方にも活躍《かつやく》している議員は数多くいるので、できるだけいろいろなところに進出して、勢力を拡大していきたいと思います。そして、いずれは、当然ながら、幸福実現党による政治がなされることになると信じています。

日本には大局的で寛容《かんよう》な宗教政党が必要

今の日本には、宗教政党が公明党一つしかありません。
しかし、「公明党は、宗教政党を代表するには、器《うつわ》として足りない」と考えています。

公明党は、仏教の諸宗派の一つである日蓮宗《にちれんしゅう》のなかの、大石寺《たいせきじ》系の一派の在家団体（講《こう》）がつくった政党ですが、その日蓮宗そのものは非常に排他的《はいたてき》な性質を持った宗教なので、公明党にも性質的に非常に排他的なものがあります。

宗教政党そのものの存在は否定しません。しかし、公明党は、あまりにも排他的なものを背景に背負っているので、やはり、もっと大局的で寛容《かんよう》な宗教政党が存在すべきであると私は考えます。そして、その他の宗教勢力、他の宗教を信じる人たちが、よすがとするような政党が必要なのではないかと思っています。

幸福実現党においては、もちろん、幸福の科学の信者が核《かく》になることは間違《まちが》いありませんが、それ以外の人々であっても、仏法真理に賛同する人たち、あるいは、宗教をよきものと考える人たちの勢力を結集していきたいと思っています。

今の日本の宗教界は、宗教間の代理戦争を政治を通して行《おこな》っていることが多いのです。例えば、公明党にはバックに創価学会が付いていますが、公明党が自民党と連立すれば、立正佼成会《りっしょうこうせいかい》などの、創価学会に対抗《たいこう》する「新宗連」(新日本宗教団体連合会)のほうは、「従来は自民党を応援《おうえん》していたのに、今度は民主党のほうに付く」というかたちで、政治を使って代理戦争をやっていることが多いのです。しかし、これは、あまりにも不毛な選択《せんたく》です。

やはり、政治は政治として、一定の合理性と、筋を通さなければならない面が必要なので、「宗教的に好きか嫌《きら》いか。敵か味方か」ということとは、また別の次元の考え方があろうかと思います。この世的になすべきことは、なしていかねばならないのです。

私たちは、『三国志』的に言えば、いわゆる「第三の極」として、今、現れてきているものだと思います。

基本的な考え方としては、この世を破壊《はかい》するかたちでの革命運動ではありません。「あくまでも、体制のなかにおいて、さらなる改善を積み重ねて、発展・繁《はん》栄《えい》を目指していく」という意味での内部革命を内に秘《ひ》めた政治運動です。

そして、その成果を、世界各地に輸出したいと考えています。

私は、暴力や殺戮《さつりく》による革命というものを、決して、心から望んではいません。

現代の民主主義の源流に位置づけられるものの一つとして、フランス革命以降の革命運動がありますが、そういう運動は、旧勢力を駆逐《くちく》するために、ギロチン等で大量の殺戮を行いました。フランス革命もロシア革命もそうです。

そうした血なまぐさい革命運動について、私は一定の距離感《きょりかん》と批判の心を持っています。

あくまでも、「多くの人たちの思想、言論等における革命によって、世の中を変えていくのがよい」と、基本的には考えています。

開かれた「国民政党」として、大きく成長していきたい

幸福実現党は、最初は、まだ、そう大きな力にはならないかもしれませんが、うまずたゆまず、五年、十年、二十年、三十年と続けていくと、それなりに「大《だい》なるもの」になっていくことと思います。

これは、独り、当会の私利私欲のためにやっているのではありません。「世のため人のための活動の一環《いっかん》としてやりたい」ということなのです。

特に、現在のように、政治に対する不信が非常に強いときにおいては、一定の

役割を果たせるものだと考えています。

まず、勇気を持って実行することが大事であると考えます。

この新しい政党をつくるにあたり、最初は、「幸福未来党」という名称も考えたのですが、「未来には幸福になる」というような逃げをその内に含んでいてはいけないと考えて、「幸福実現党」という名称にしました。党名に、「現実に幸福を実現できれば成功である」ということを積極的に含ませてあるのです。

したがって、「『この世の中を幸福にしたい。自らも幸福になりたい』と願っている人は、この政党を応援していただきたい」というかたちで、開かれた政党にしたいと思います。

幸福の科学という宗教団体は信者の集まりであり、幸福実現党の支持者は、もちろん、信者が核となることは間違いありませんが、それ以外にも、基本的な政策や考え方に賛同する人は、支持者として応援できる団体にしていきたいと思っています。

その意味で、組織的には、ある程度、別の組織として活動していくことになるでしょう。

草創期においては、ある程度、幸福の科学と共同して立ち上げなければいけないところがあるとは思います。しかし、一定の考え方の下《もと》に求心力が働いてくるので、いずれは、その政策なり考え方なりを実践していく人たちが、多くの人々から支持されるような「国民政党」として、大きく脱皮《だっぴ》、成長していきたいものだと考えています。

自民党にも民主党にも失望している方々に満足していただけるような政党をつくって、日本の政治をよくしたいと思うのです。

当会が政治に進出する目的は「幸福の具体化」にあります。冒頭《ぼうとう》でも述べたように、大局的には、「この世的ユートピアの実現を目指す」ということです。

私は、これまで、精神的バックボーンについては数多く説いてきましたが、それを具体化していくのは、なかなか困難なことであり、力が要《い》ることなので、今後、それを行っていきたいと思います。

そして、この『幸福実現党宣言』において、マルクスの『共産党宣言』を永遠に葬《ほうむ》り去りたいと考えています。

2　現在の日本にふさわしい憲法を

その障害となるべきものが、現行の日本国憲法のなかに幾《いく》つかあると思います。

日本国憲法は、敗戦後の占領下《せんりょうか》において、日本に主権がない状態のときに、占領軍の人たちが一週間程度で草案をつくり、それを日本語に訳したものに手を入れてできたものです。

草案づくりには、一部、学者も入ってはいましたが、学者ではない人も入っていました。占領下において、外国人が、どさくさに紛《まぎ》れてつくった憲法なのです。つくった人たちも、「これを日本が六十年以上も守り続ける」とは考えていなかったでしょう。「十年もしたら、国として立ち直り、自分たちの自主憲法をつくるだろう」と思って、とりあえずつくったものだったのに、それが延々と六十年以上も残ってしまったわけです。

なぜかというと、結局、敗戦を契機《けいき》として、宗教というものが日本から葬《ほうむ》り去られ、表の存在から消えたため、日本国憲法を、宗教に代わる〝御本尊《ごほんぞん》〟か〝基本教義〟として捧《ささ》げ奉《たてまつ》ってきたからです。

それが、戦後の日本の歴史であったと思われるのです。

そのため、日本国憲法を「不磨《ふま》の大典《たいてん》」のように考え、決して変えることのできない基本教義のようなかたちにしてしまっています。「イエスの言葉を改竄《かいざん》したり、仏陀《ぶっだ》の言葉を改竄したりしてはいけない」ということと同様に、「この憲法は、一字一句、変えては相《あい》ならない」というような感じになっているのです。

しかし、「日本国憲法は、そんなに偉《えら》い人が書いたものなのか」といえば、そんなことはなくて、雑多な人たちが集まって書いたものであり、内容的にはボロボロで隙《すき》だらけの文章なのです。内容には矛盾《むじゅん》がたくさんあります。

今流に言えば、六十数年前の敗戦国・日本というものを、現在の北朝鮮《きたちょうせん》のようなものだと思ってつくられた憲法だと思います。あるいは、イラク戦争で敗戦を喫《きっ》したイラクにおいて、占領軍が憲法をつくるとしたら、こういうものをつくるだろうと思います。

したがって、日本人自らの手によって、憲法を、自分たちの幸福にとってふさわしいものに変えていく必要があるのです。

「硬性《こうせい》憲法だから、なかなか変えることができなかったのだ」という言い方もされますが、それは単なる言い訳にしかすぎません。勇気がなかっただけのことです。自分たちのイニシアチブによって変える勇気がなかったのです。

精神的には、「占領状態のままで、ずっといたかった」という甘《あま》えです。「占領状態でいるかぎりは、アメリカが守ってくれる」と考え、「アメリカが言ったとおりにやっているのだから、守ってください」というかたちで、六十数年間、やってきたのです。

しかし、そのアメリカも、今は傾《かたむ》いてきて、唯一《ゆいいつ》の超大国《ちょうたいこく》、スーパーパワーから、幾つかある大国の一つになりつつあります。はっきり言えば、「日本のことまで、もう面倒《めんどう》を見切れない」という状況《じょうきょう》になりつつあるのです。「自分のことぐらいは、自分でどうにかせよ」というのが、アメリカの本音ではないかと思います。

「子供であっても、親よりも大きくなってきたら、自分のことは自分で解決しなさい」ということです。

そういう判断力が日本にないのは悲しむべきことであると、アメリカは見ていると思います。

「占領下において、マッカーサーは日本人の知性を十二歳《さい》ぐらいと言った」という話が伝わっていますが、小学生と中学生の境目ぐらいの知性にしか見えなかったのでしょう。しかし、もう大人にならなければいけない時期が来ています。

憲法の内容を分析《ぶんせき》し、現在の国の状況に適合した新しいスタイルに変えていくべきだと思います。

3　憲法前文の問題点

日本国憲法の前文は日本語として最悪の文章

本章において、すべてを語るのは無理ですが、象徴的《しょうちょうてき》な問題点を、幾《いく》つか挙げてみたいと思います。

例えば、日本国憲法の前文を見ると、日本語としては最悪の文章です。翻訳文《ほんやくぶん》なのですが、日本語になっていないと思われます。

前文は以下のとおりです。

「日本国民は、正当に選挙された国会における代表者を通じて行動し、われらとわれらの子孫のために、諸国民との協和による成果と、わが国全土にわたつて自由のもたらす恵沢《けいたく》を確保し、政府の行為《こうい》によつて再び戦争の惨禍《さんか》が起《おこ》ることのないやうにすることを決意し、ここに主権が国民に存することを宣言し、この憲法を確定する。そもそも国政は、国民の厳粛《げんしゅく》な信託《しんたく》によるものであつて、その権《けん》威《い》は国民に由来し、その権力は国民の代表者がこれを行使し、その福利は国民がこれを享受《きょうじゅ》する。これは人類普遍《ふへん》の原理であり、この憲法は、かかる原理に基《もと》づくものである。われらは、これに反する一切の憲法、法令及《およ》び詔勅《しょうちょく》を排除《はいじょ》する。

日本国民は、恒久《こうきゅう》の平和を念願し、人間相互《そうご》の関係を支配する崇高《すうこう》な理想を深く自覚するのであつて、平和を愛する諸国民の公正と信義に信頼《しんらい》して、われらの安全と生存を保持しようと決意した。われらは、平和を維持《いじ》し、専制と隷従《れいじゅう》、圧《あっ》迫《ぱく》と偏狭《へんきょう》を地上から永遠に除去しようと努めてゐる国際社会において、名誉《めいよ》ある地位を占《し》めたいと思ふ。われらは、全世界の国民が、ひとしく恐怖《きょうふ》と欠乏《けつぼう》から免《まぬ》かれ、平和のうちに生存する権利を有することを確認する。

われらは、いづれの国家も、自国のことのみに専念して他国を無視してはならないのであつて、政治道徳の法則は、普遍的なものであり、この法則に従ふことは、自国の主権を維持し、他国と対等関係に立たうとする各国の責務であると信ずる。

日本国民は、国家の名誉にかけ、全力をあげてこの崇高な理想と目的を達成することを誓《ちか》ふ。」

みなさんは、これを読んで分かったでしょうか。実に下手《へた》な文章です。「要するに何が言いたいのですか。今の言葉を、もう少し簡単に言ってくれますか」と問われたときに、答えられるでしょうか。

原文は英文であり、今でも残っていますが、それを翻訳《ほんやく》したら、こんなに分かりにくい文章になったわけです。

憲法の前文に存在する、さまざまな問題点

①先の戦争についての認識が間違《まちが》っている

この憲法前文に、すでに幾つかの問題点が出ていると思います。

まず、「政府の行為によって再び戦争の惨禍が起《おこ》ることのないやうにすることを決意し、」とあり、「政府が戦争を起こしただけであって、国民は関係がない」というような趣旨《しゅし》のことが書いてあります。

しかし、そんなことはありません。国民の多くも戦争に賛成していました。

②主権在民を謳《うた》いながら、天皇制《てんのうせい》の規定から始まっている

次に、「主権が国民に存することを宣言し、この憲法を確定する。」と言ってい

ますが、主権は国民に存在するはずなのに、憲法の第一章は「天皇《てんのう》」になっていて、天皇制の規定から始まっています。「主権は国民にある」と言いながら、天皇制から始まっているわけなので、ある意味では、「天皇が元首である」と言っているように読めます。したがって、最初から間違《まちが》っているのです。

また、第十四条には、「すべて国民は、法の下《もと》に平等であつて、人種、信条、性別、社会的身分又《また》は門地により、政治的、経済的又は社会的関係において、差別されない。華族《かぞく》その他の貴族の制度は、これを認めない。」とも書いてありますが、皇族は貴族そのものです。この部分は明らかに矛盾《むじゅん》しています。

もう無茶苦茶であり、かなり悩乱《のうらん》した人がつくったとしか言いようがありません。「明治憲法と折衷《せっちゅう》してつくった」と言わざるをえないのです。

③　基本的人権を侵《おか》す考え方が入っている

さらに、前文には、「日本国民は、恒久の平和を念願し、人間相互の関係を支配する崇高な理想を深く自覚するのであって、平和を愛する諸国民の公正と信義に信頼して、われらの安全と生存を保持しようと決意した。」とあります。

これは、「日本だけが、北朝鮮《きたちょうせん》や、フセイン時代のイラクのような悪い国であって、諸外国は、すべて平和を愛するよい国だから、それらの国の人たちを信頼して、安全と生存を保持しようと考えました」ということです。しかし、もし、それらの国が悪いことを考えた場合には、お手上げになり、終わりなのです。

例えば、ある国から、「おまえの国は、憲法でそんなことを決めているのか。では、わが国は、おまえの国を攻撃《こうげき》するから、よろしく死んでください」と言われたら、それまでなのです。いかなる国であっても、日本を占領《せんりょう》することが可能であるような憲法になっています。もし、相手が、公正と信義を持たず、平和を愛する国でない場合には、日本を簡単に占領できるようになっているのです。もちろん、「これは、単なるきれいごとの宣言であって、内容はないのだ。要するに、理想を謳《うた》い上げているだけなのだ」というように、骨抜《ほねぬ》きにする考え方もあります。

しかし、嘘《うそ》ならば書くべきではありません。

現実には、第二次世界大戦後も、さまざまな戦争が起きましたし、米ソによる核《かく》戦争の危機もありました。今でもまだ、いろいろな戦争の危機はあります。

憲法前文の考え方は、希望としては、それでもよいのですが、現実問題としては厳しいものがあるので、自分のほうから一方的に宣言して自分の手を縛《しば》るのは危険です。

「日本国民のさまざまな基本的人権を侵《おか》す考え方が、前文には入っている」と言わざるをえません。

④ 国際社会において「名誉《めいよ》ある地位」を占《し》めていない

それから、前文には、「われらは、平和を維持し、専制と隷従、圧迫と偏狭を地上から永遠に除去しようと努めてゐる国際社会において、名誉《めいよ》ある地位を占《し》めたいと思ふ。」と書いてあります。

「それならば、北朝鮮をどうにかしなさい」と言いたいのです。

国連の加盟国は二百カ国ぐらいありますが、そのなかで、日本は、長らく、一番か二番の額の負担金を出していますが、日本は、お金だけ出していて、何もやっていないに等しい状態です。十分な発言権も持っていません。

一方、常任理事国の五カ国は拒否権《きょひけん》を持っています。「常任理事国は、それだけ威張《いば》るのならば、きちんとお金を出しなさい」と言いたいところです。お金をきちんと出してもいないのに、偉《えら》そうに言っているのです。それはなぜかというと、「戦争に勝ったから」ということです。つまり、「戦勝国による国連」になっています。

国連は、公正と平等の下《もと》には成り立っていないのです。

先の戦争は「民主主義対ファシズム」だけではない

先の戦争については、「民主主義対ファシズム」という図式で捉《とら》え、「ファシズムの国を民主主義の国が滅《ほろ》ぼしたのだ」とする考え方があります。これはアメリカの教科書に載《の》っている考え方です。

そして、日本とドイツとイタリアは悪い国なので、常任理事国にはなれないことになっているわけです。

ただ、「民主主義対ファシズム」という考えが正しかったかどうかについては、歴史的に検証されるかぎりでは、必ずしもそうとは言えません。

イギリスのチャーチルは、ソ連のスターリンと結んで、ドイツと戦いましたが、そのときにチャーチルは何と言ったか。彼は、「イギリスを守るためには悪魔《あくま》とでも手を結ぶ」と言ったのです。

チャーチルは、スターリンの本質が悪魔であることを知っていました。しかし、自国が滅びないためには、悪魔とでも手を結ぶ必要があったのです。イギリスは滅びる寸前でした。ドイツからロケットをたくさん撃《う》ち込《こ》まれて、潰《つぶ》れる寸前だったので、スターリンとでも手を結んだのです。

その後を見れば、ソ連もまた全体主義国家であったことは明らかです。全体主義と全体主義も戦っているのです。

したがって、先の戦争自体は、「民主主義対ファシズム」だけではなく、クロスしています。

では、ソ連が戦勝国になったことが本当に正しかったのかといえば、やはり疑問はあります。

ソ連の共産主義体制は七十数年間続きましたが、大勢の国民が殺されました。二千万人ぐらい亡くなったとも言われますし、あるいはもっと多いかもしれません。正確な数は分からないのですが、多くの国民が粛清《しゅくせい》され、一党独裁の下《もと》に支配されたのです。

その意味で、ソ連が戦勝国になって本当によかったのかどうかについては疑問があります。ヒトラーがもう少し強くて、スターリンを倒《たお》してからヒトラーも倒れたら、よかったのかもしれません。手違《てちが》いでスターリンのほうが生き残ってしまったために、多くの人が苦しんだ面はあると思います。

このように、二元的対立という考え方には問題があります。

それから、日本とドイツは同じだったかというと、やはり違いはあったと思います。

宗教的には、確かに背後から霊的《れいてき》なパワーは働いていました。ドイツには、ゲルマンの森の伝統的な宗教がありました。現在の当会が使う言葉で言えば、やや「霊界の裏側」に近いほうですが、黒魔術系《くろまじゅつ》の力が働いていたのは確かです。

日本の場合は、私の霊査《れいさ》で明らかなように、日本神道《しんとう》の「表側」の神々も賛成していたので、戦争責任を追及《ついきゅう》するならば、天皇にも日本の神々にも責任はあります。

当時、日本の神々には、「日本の宗教が世界に広がることで世界が幸福になる」と思っていたところがあります。

少なくとも戦後を見るかぎりでは、その流れが全部間違いだったわけではないことは明らかです。日本のその後の繁栄《はんえい》を見ると、「環太平洋圏《かんたいへいようけん》に一定の影響力《えいきょうりょく》を持とう」と考えていたこと自体が間違っていたわけでないことは明らかだと思います。

他国の民間人を多数死傷させたかもしれない面については、反省の余地があるとは思います。ただ、「一方が完全な正義で、一方は完全な悪」というような考え方は間違いだと、私は思います。

それを言うならば、アメリカがインディアンの国を乗っ取ったのも悪でしょうし、「なぜアメリカがハワイやグアムを取れたのか」ということの説明はできないでしょう。アメリカは、日本の民間人を大量虐殺《ぎゃくさつ》したこと（東京大空襲《だいくうしゅう》、広島・長崎《ながさき》の原爆《げんばく》投下等）については、公式謝罪はしていません。

やはり、「歴史は、強い者が自分に有利なように変えてきた」としか言いようがないと思います。

戦争には、そのときどきの勝ち負けがありますが、勝った者が歴史を書きます。

したがって、歴史を書き直したければ、そのような努力をすることが大事であると思います。

4 天皇制《てんのうせい》の問題点

天皇制自体は、文化と歴史の象徴《しょうちょう》として残してよい

次に、天皇制《てんのうせい》に関して述べましょう。

天皇制自体は百二十五代続いていて、二千数百年の流れを持っているものであり、外国には数少ないものであるので、制度そのものは何らかのかたちで残しておいたほうが、日本の国にとってはよいだろうと思っています。

ただ、今の天皇が、政治的に、ある意味では元首にも見え、ある意味では元首

でないようにも見えること、つまり、鳥でも地上の動物でもないコウモリのような立場に置かれていることに関しては、一定の疑問を持っています。

明治以前の場合は、どうであったかというと、天皇は一種の文化的象徴《しょうちょう》だったと思うのです。京都に住んでいて、文化的象徴だったわけですが、「薩長《さっちょう》連合軍が幕府を倒《たお》しただけでは国が安定せず、何か重しが必要だ」ということで、「錦《にしき》の御旗《みはた》」を繰《く》り出してきて、天皇を政治的存在に祭り上げ、新政府をつくったわけです。

その兵法を使った人は天才的ですが、天皇は、歴史の舞台《ぶたい》において、必ずしも、いつも政治的なトップであったわけではありません。これは、日本の歴史を見れば、そのとおりです。天皇は、文化的には存在していましたが、政治的には、表に出たり引っ込《こ》んだりしている存在であり、たいていの場合は幕府等が実権を持っていました。

幕府が変わるようなときには、天皇の存在によって、よくなることもあったり、政治的混乱に陥《おちい》ったりしたこともありましたが、天皇制が長らく続いてきた背景には、日本神道《しんとう》系の神意がそれなりに働いていたのは確かでしょう。

したがって、「天皇は、日本国の文化と歴史の象徴であるから、その存続は尊重されるべきである」という考えはあってもよいと思います。

しかし、第一条に「この地位は、主権の存する日本国民の総意に基《もと》づく。」と書いてあるのは明らかに嘘《うそ》です。国民投票をし、国民の総意を得て天皇に就《つ》いたわけではありません。憲法には第一条から明らかに嘘を書いてあります。

こういう部分は修正の必要があると思います。

また、先の大戦においては、ある意味で、日本の軍隊は「天皇の軍隊」であったのは間違《まちが》いありません。国民は天皇陛下のために戦って死んでいきました。そのため、天皇にも戦争責任は明らかにあるのです。

ヨーロッパ等では、戦争で負けたところは、どこも王室はなくなっています。そうしたなかで、日本では皇室がなくならなかったのですが、そこにはマッカーサーの個人的な判断が大きく影響《えいきょう》していると思います。昭和天皇に徳力があった面は確かにあると思いますが、要するに、日本が交渉《こうしょう》相手のいない国になってしまい、泥沼《どろぬま》化《か》するのを恐《おそ》れたのです。近年のイラクのような状態になったら困るので、象徴として天皇を残したのでしょう。それは政治的な配慮《はいりょ》だったと思います。

天皇制はあってもよいとは思いますが、憲法の第一章から堂々と記すようなものではないと考えます。

外国から見ると、誰《だれ》が元首なのかよく分からない

第七条を見ると、次のような規定があります。

「天皇は、内閣の助言と承認により、国民のために、左《さ》の国事に関する行為《こうい》を行ふ。

一　憲法改正、法律、政令及《およ》び条約を公布すること。

二　国会を召集《しょうしゅう》すること。

三　衆議院を解散すること。

四　国会議員の総選挙の施行《しこう》を公示すること。

五　国務大臣及び法律の定めるその他の官吏《かんり》の任免《にんめん》並びに全権委任状及び大使及び公使の信任状を認証すること。

六　大赦《たいしゃ》、特赦《とくしゃ》、減刑《げんけい》、刑の執行《しっこう》の免除《めんじょ》及び復権を認証すること。

七　栄典を授与《じゅよ》すること。

八　批准書《ひじゅんしょ》及び法律の定めるその他の外交文書を認証すること。

九　外国の大使及び公使を接受すること。

十　儀式《ぎしき》を行ふこと。」

非常に煩雑《はんざつ》です。これはとても出来の悪い条文であり、天皇にここまでさせたら、忙《いそが》しくて倒れ、病気になってしまいます。ここまでする必要はありません。現実には、宮内庁の役人が手伝っているでしょうが、私は、こんな煩雑な業務は天皇のやるべきことではないと思います。

「天皇は、形式的な仕事はしてもよいが、実質的なことはしてはいけない」というのが憲法の趣旨《しゅし》です。「国事に関することと、国政に関することとを分けています。「国事に関することは、形式的なこととして、天皇の仕事に入れ、国政に関することは内閣の仕事である」というように分けて、日本語の便利な使い分けをしています。

しかし、外国の要人と会うときには、現実には元首のように振《ふ》る舞《ま》っているのですが、実際には何らの権能も責任も持たないことになっています。これは非常に分かりにくい体制です。

雅子妃《まさこひ》が、今、ああいう状態になっておられる原因は、まさしく、この国政と国事の分け方にあるのです。こういう、「白馬は馬にあらず」という論法で言われると、正常な頭の人はおかしくなるのです。「『馬』なら馬だが、『白馬』は馬ではない。当然、『黒馬』も馬ではない。『茶色い馬』も馬ではない。では、馬は、いったいどこにいるのだろう」というような論法です。

そのように、国政と国事とを分けて、いろいろやっていますが、天皇は法律にサインをしたりしているので、これを見ると、ある意味で元首のようにも見えます。

「元首なのだけれども、責任は内閣にある。なぜなら、内閣は助言と承認をするからだ」ということで、「天皇は、トップであるが責任はなく、部下に責任がある」というかたちです。

これは、先の戦争で天皇制が生き延びたのと同じ原理を使おうとしているのですが、あまりすっきりしません。

実は、日本という国が外国から信用されていない理由は、ここにあるのです。「誰《だれ》が意思決定をするのか分からない」と言われているのです。「意思決定者をはっきりさせなさい」ということです。

もし、内閣総理大臣が元首であるのであれば、そちらと交渉すれば全部決まるわけですから、そうであれば、天皇陛下は文化的存在としてお祀《まつ》りすればよいのです。天皇を政治のほうに入れるべきではないと思います。

逆に、天皇のほうが、政治的にトップだというのであれば、何らかの判断権がなければならないでしょう。判断と責任が生じるのは当然です。そうすると、先の戦争のようなときには、当然、戦後は死刑になっているはずです。

玉虫色にして、いったんは逃《に》げたのかもしれませんが、これは、いつまでも通じる論理ではないと思います。

私としては、「内閣総理大臣のほうに元首としての責任がある」ということを明確にしてもかまわないし、あるいは、できれば大統領制を敷《し》いたほうがよいのではないかと考えています。

そうしないと、日本という国は信用されないのです。外国から、「交渉の相手として、誰が判断権を持っているのか、よく分からない。いったい誰が判断しているのか分からない。実際は役人がやっているのではないのか。課長補佐《ほさ》クラスが国政を決めているのではないか」というように見られているので、ここは、できればすっきりさせたいと思います。

5　憲法九条の問題点

〝嘘《うそ》〟の多い憲法九条

いちばん問題が多いのは第九条の「戦争放棄《ほうき》」です。

「日本国民は、正義と秩序《ちつじょ》を基調とする国際平和を誠実に希求し、国権の発動たる戦争と、武力による威嚇《いかく》又《また》は武力の行使は、国際紛争《ふんそう》を解決する手段としては、永久にこれを放棄する。

前項《ぜんこう》の目的を達するため、陸海空軍その他の戦力は、これを保持しない。国の交戦権は、これを認めない。」

この条文を素直に読んだら、どうなるでしょうか。

「平和を希求する」という平和主義は結構です。しかし、「武力による威嚇又は武力の行使は、国際紛争を解決する手段としては、永久にこれを放棄する。」というのであれば、「ソマリア沖《おき》の海賊《かいぞく》を、海上自衛隊が行って追い払《はら》う」ということは、「武力による威嚇」以外の何ものでもありません。すでに破っています。「憲法をいじらずに、自衛隊法やその他の法律のほうでやれるようにする」という、ずるい手法をたくさん使っているので、もう少し正直であるべきです。憲法の規定で駄目《だめ》なのであれば、憲法を変えるべきだと私は思います。

ソマリア沖の海賊を追い払うことについては、国際社会は別に誰《だれ》も反対していないので、憲法上、それができるようにしたほうがよいでしょう。

さらに、「前項の目的を達するため、陸海空軍その他の戦力は、これを保持しない。」と書いてあります。

では、自衛隊はいったい何なのかということです。英語では、セルフ・ディフェンス・フォースですが、「『セルフ・ディフェンス・フォース』だから、『フォース』（軍隊）ではない」と言うのならば、「白馬は馬にあらず」と同じです。「自衛隊であるから軍隊ではない」と言うわけですが、「まあ、よく考えるな」という感じです。

「自衛のためのものであるから、軍隊ではない」と言っても、他の国の軍隊も、みな自衛のために持っているものであって、国連で、「侵略《しんりゃく》のために軍隊を持っている国は、手を挙げてください」と言ったら、手を挙げる国はたぶんないでしょう。

アメリカなどはずいぶん侵略的なことをしていると思いますが、少なくとも公式には絶対に認めないはずです。あくまでも、自衛のためか国際平和を守るためにやっているわけであり、侵略のためにやっているわけではありません。

自衛隊は、明らかに「陸海空軍その他の戦力」です。外国から見れば、自衛隊は、陸軍、海軍、空軍と認められていて、それ以外の解釈《かいしゃく》をしているところなどありません。他の国で日本国憲法を読んでいる人はほとんどいないので、こんな憲法があるということ自体が不思議だろうと思います。

前文及《およ》び第九十八条には、「この憲法に反する法律は無効である」という趣旨《しゅし》の内容が書いてあるので、そうすると、自衛隊法は無効になってしまいます。だから、憲法を変えなければ駄目なのです。「陸海空軍を持ってはいけない」というのに持っているのですから、自衛隊法は形式的には、違憲《いけん》です。

しかし、国を守るために、現実に自衛隊が必要なのであれば、憲法を変えるべきです。憲法を変えないのに、いざというときだけ「守ってくれ」と言うのは、ずるい言い方だと思います。

解釈《かいしゃく》改憲を改め、自衛隊法の根拠《こんきょ》の明記を

「国の交戦権は、これを認めない。」というのは、完全に、かつてのアメリカがインディアンを征伐《せいばつ》したときのような文章の書き方です。「インディアンは、もう二度と弓を持ってはならない。なぜなら、騎兵隊《きへいたい》を射殺《いころ》すことができるから」というのと同じ論理です。

これは、人間としての尊厳を認めていないということです。アメリカは、戦争中、「日本人はサルだ」と言っていて、動物扱《あつか》いでしたので、その延長上にあるのだと思いますが、失礼な話です。

したがって、あえて文言《もんごん》を変えるとしたら、「平和主義を基調とする」ということはかまわないと思いますが、「侵略的戦争は、これを放棄し、防衛のみに専念する」ということであれば、よいのではないかと私は考えます。

「そのための戦力は、固有の権利として、これを保持する」ということをはっきり規定して、自衛隊法の根拠《こんきょ》を明確にすべきです。嘘《うそ》をつくのはよくないと思います。

第九条を解釈改憲し、第二項で「前項の目的を達するため、」という文言があるので、「陸海空軍は、前項の目的を達するために持たないのであって、前項の目的を達するためではない場合には、持ってもかまわないのだ」という解釈が行われています。

この「前項の目的を達するため、」という文言は、いわゆる「芦田《あしだ》修正」によって入れられたものですが、そういう〝悪さ〟をしてあるのです。よく考え出すものだと思います。

「国権の発動たる戦争と、武力による威嚇又は武力の行使は、国際紛争を解決する手段としては、永久にこれを放棄する。」ということだから、「そういう武力行使を目的とする陸海空軍は持たないけれども、そういう目的ではない陸海空軍ならあってもかまわない」ということで、「国民の生存を守る自衛のためだけの軍隊ならかまわないのだ」という解釈改憲で乗り切ってきたのです。

しかし、「もう嘘はやめましょう。すっきりさせませんか」ということです。私は、そういう嘘八百はあまり好きではありません。軍隊は必要なのです。これだけの大国になったら、軍隊ぐらい持つのは当たり前です。

「侵略はしません。その代わり、こちらが侵略されたときには、国民を守るために、きちんと戦います」というあたりのところで、中道の線を引くべきだと思います。

そのように憲法を変えるべきです。

6 「信教の自由」に関する問題点

第二十条は宗教への迫害《はくがい》材料になっている

ほかにも、憲法にはなくてもいいような細かい条文がたくさんあります。国会その他に関して、本当は法律に委任してもいいような条文が、こまごまとたくさん書いてありますが、法律と憲法とがレベル的には混在しています。

しかし、大きなところとして、当会が言わなければいけないのは、やはり、「信教の自由」のところです。

第十九条に「思想及《およ》び良心の自由は、これを侵《おか》してはならない。」という条文があって、さらに、駄目押《だめお》しのように、第二十条で、「信教の自由は、何人《なんぴと》に対してもこれを保障する。いかなる宗教団体も、国から特権を受け、又《また》は政治上の権力を行使してはならない。」（第一項《こう》）、「何人も、宗教上の行為《こうい》、祝典、儀式《ぎしき》又は行事に参加することを強制されない。」（第二項）、「国及びその機関は、宗教教育その他いかなる宗教的活動もしてはならない。」（第三項）とあります。

この二十条のつくり方が、かなり混乱を呼んでいると思います。「信教の自由は、何人に対してもこれを保障する。」というだけなら、それでよいのです。

ところが、そのあとに、付帯条項《じょうこう》で、「してはならない」という文言がたくさん付いているために、結局、「宗教活動はしてはならない」と言っているように読めるのです。

国や公共団体に関しては、「一切、宗教活動に触《ふ》れてはならない」というタブーのようになっていて、事実上、「宗教については、国や公共団体は何もしないから、宗教だけで勝手にやってくれ」と言っているように見えなくはないのです。

これを善意に解釈《かいしゃく》し、「宗教間の自由競争に任せるのだ。言論の自由と同じで、宗教が勝手に競争すればよいのであって、国は関与《かんよ》しないのだ」と捉《とら》える見方もあろうかと思いますが、この書き方から見るかぎり、やはり、迫害《はくがい》の材料になっていると言わざるをえません。

例えば、第二十三条を見たらよいのです。「学問の自由」に関して、「学問の自由は、これを保障する。」という一行で終わっています。これと同じでよいのです。「信教の自由は、何人に対してもこれを保障する。」ということだけで終わればよいのです。あとは要りません。

あとのことについては、「こういう場合には、こうする」というものを、法律か何かでつくればよいのであって、憲法に入れるべきではありません。こういうものを入れるから、「公立学校で宗教教育をしてはいけない」と言ったり、左翼《さよく》のほうが非常に強くなったりするのです。

「いかなる宗教団体も、国から特権を受け、又は政治上の権力を行使してはならない。」というのは、もとは国家神道《しんとう》のことを意図してつくったものではあるのですが、条文を正確に読むならば、今の天皇制自体も、これに当たるわけです。

天皇自体は、日本神道の最高の祭司、神官であり、儀式《ぎしき》を行《おこな》っています。例えば、天皇家では、先の天皇が亡くなったら、「殯《もがり》」といって、その亡くなった天皇の遺体を棺桶《かんおけ》に入れて祀《まつ》り、次の天皇はその隣《となり》で一緒《いっしょ》に寝《ね》たりしなければいけないのです。これは明らかに宗教行為です。弥生《やよい》時代か縄文《じょうもん》時代から続いているような儀式ですが、そういうことをやっています。

天皇家は、こうした政治には関係のない宗教行為を幾《いく》つか行っています。これは、れっきとした宗教行為です。したがって、現実に特権を受けています。

第八十九条は宗教の範囲《はんい》を制約して縛《しば》るもの

また、憲法の後ろのほうには、「宗教団体や私立学校などには、資金援助《えんじょ》をしてはならない」という趣旨《しゅし》の条文がありますが（第八十九条）、国は私学助成金を出しています。これは文部科学省が私立学校などを支配するために必要なのでやっているのです。

おそらく、当会が政党をつくるに際して、ここのところを追及《ついきゅう》してくる人もいるかもしれませんが、私は次のように考えています。

これは、逆に言うと、この憲法の条文が宗教の範囲《はんい》を制約して縛《しば》っているように見えます。すなわち、「神、仏は、教えのなかで、政治については説いてはならない」と言っているように読めるのです。

しかし、日本神道という宗教を見るかぎり、長らく政治とは一体であったと思います。もちろん、天皇が教祖だったと思いますが、ほかの宗教でも、そういうことはたくさんあります。

したがって、憲法によって、「宗教家は、政治に関する発言はできない。あるいは、神は、政治思想や政治行為について、何も発言してはならない」と、〝神の口封《くちふう》じ〟を命じているということであれば、これはやはり、少しおかしいのではないかと思います。

神が政治や経済について発言したならば、それを受けて行動するのが信者として当然のことであって、「信教の自由」を保障している以上、当然、それは起きうることであるのです。

その神が、政治に関心のない神であれば、政治以外の話をしていても、それはかまわないし、そういう宗教があってもよいけれども、政治や経済や国際情勢について発言する神も、世の中にはいるわけです。

「信教の自由」の下《もと》に言うならば、政治的な宗教も、政治的ではない宗教も、当然、ありうるのです。

アメリカにも、かたちだけは政教分離《ぶんり》規定がありますが、現実には、アメリカの大統領は、『聖書』に向かって宣誓《せんせい》をしています。オバマ大統領の就任式でも、宗教家が出てきて前に立ち、オバマ氏は古い『聖書』に向かって宣誓していました。やはり、きちんとそういうことをやっています。

さらに、アメリカでは、キリスト教の右派と左派とが宗教の戦いをしています。オバマ氏が所属していた宗教は、どちらかといえば左派のほうであり、「日本に原爆《げんばく》を落としたのはけしからん」と言っているほうの宗派です。オバマ氏は、その宗派に二十年ぐらいいたはずです。逆に、右派のほうは、「アメリカの言うことを聞かないところは、どんどん攻撃《こうげき》せよ」というようなことを言っています。

このように、アメリカでは、現実には宗教が活発に政治活動をしています。自分たちの代表を大統領なり議員なりにしようという運動をしているのです。そういう意味では、今、メガチャーチが非常に大きな権力を行使しています。

政治的制度としてではなく、圧力団体としては、いかなるかたちの存在もありうるので、宗教が一定の圧力団体として意見を言うことは当たり前のことです。自分たちの団体の利害にかかわることを、政治的に発言できないのはおかしいということです。

宗教と政治は、原理的には、やや違《ちが》う点はあると思うので、別組織をつくりながらやっていくのがよいと思います。ただ、「政治は、宗教的なるものを、一切、反映してはならない」というならば、それは唯物論《ゆいぶつろん》国家と言わざるをえず、基本的に間違っていると思います。

さらに、宗教教育はやはり大事であると私は思うので、第八十九条の文言はカットすべきだと思います。

7 腐敗《ふはい》や堕落《だらく》から世を救う機能を果たしたい

そのほかにも、気になるところは数多くあるのですが、テクニカルなものが多いので、今回は詳《くわ》しく述べません。

具体的なことは、これから詰《つ》めていこうとは思いますが、やはり、政治というものは結果責任なので、できれば結果の責任が取れるようにしたいと思っています。

例えば、憲法の「第四章　国会」のトップには、「国会は、国権の最高機関であって、国の唯一《ゆいいつ》の立法機関である。」と書いてあります（第四十一条）。しかし、これは嘘《うそ》です。単なる「美称《びしょう》」と言ったとしても、実際には、国会は、国の唯一の立法機関などではありません。実際に法律をつくっているのは、ほとんど官僚《かんりょう》です。それから内閣でもつくっています。現実には憲法の言うとおりになっていません。

こういう、明らかに嘘だと思うところは直していったほうがよいでしょう。

また、参議院のあり方についても、再検討の余地はあると思います。今、参議院は「政争の具」として使われています。「良識の府」として機能しないのであれば、再検討の余地があると言えます。

「衆議院の解散があるたびに、国政が滞《とどこお》ってはいけないので、万一《まんいつ》のための担保として参議院が必要だ」という考えもあるのですが、良識の府という意味で置くのであれば、少し違《ちが》う原理で人を選んでもよいのではないでしょうか。参議院では、衆議院とは違う原理で、しっかりとした識者を選ぶようなかたちであってもよいと思うのです。

明治時代の貴族院のように選んでもよいかもしれないし、あるいは衆議院一本で行ってもよいでしょう。これだけ財政赤字になっているのですから、議員の数が減ったら、その分だけ財政赤字が減るのです。参議院を廃止《はいし》すれば、スピーディーに物事が処理できてよいと思います。

その場合は、衆議院議員のなかで、得票率が上位二割ぐらいに入っているような人は、解散後にも残って審議《しんぎ》ができるようにし、参議院の役割をカバーできるようにしてもよいとは思います。そのように、上位当選をした一定数の人たちは、参議院の役割の部分を果たせるようにするわけです。

そういう意味で、完全に国会議員がいなくなるような状態をなくす手法は、ほかにもあると思います。今後の研究課題です。

また、「信教の自由」と「政教分離《ぶんり》」のところは、会の外から、かなり言われると思いますが、宗教政党そのものは欧米《おうべい》にもあります。ほとんどはキリスト教系の政党ですが、宗教政党自体は現実に世の中には存在しています。

その宗教が、実際に有力であり、国民の多くが信じているような宗教であれば、宗教政党があっても別におかしくはありません。宗教は良識の代表なので、そういう政党があることによって、世の中を腐敗《ふはい》や堕落《だらく》から救う機能も果たせると考えています。

憲法について少し述べました。

8 宗教と政治は補完し合うべきである

以上が、「幸福実現党宣言」として私が述べたいことです。

幸福の科学が政党をつくることは、「世の中をよくしていきたい」という運動の一翼《いちよく》です。

今後、全世界に、幸福の科学の支部も増えていきますが、最終的には、こうした政策的なものも、いろいろなところで実現していけるようにしなければいけないと思います。

例えば、今のインドのような国を具体的に救いたくても、宗教だけでは救えない面があります。

「スラムドッグ$ミリオネア」という映画がありますが、あれを観《み》ても、そこに出てくるスラム街は宗教で救える範囲《はんい》ではありません。政治経済の力が働かないかぎり、救えません。あのスラム街をなくそうとしたら、政治経済のところをよくしないかぎり、宗教だけでは無理なのです。やはり、政治がよくなければ駄《だ》目《め》だと思います。

現実には、宗教の仕事と政治の仕事は別のものではなく、重なっているところがあります。

政治が働かなければ、マザー・テレサのような人が一生懸命《いっしょうけんめい》に難民救済をするわけですが、ある意味で、それは政治の仕事でもあるわけです。精神的な仕事というよりは、具体的な活動をやっているわけなので、宗教は政治と重なっているのです。

そういう意味で、両者を完全に分けることはできず、補完し合う関係だと私は思っています。

したがって、政治でできるようになれば、宗教が具体的な救済活動をしなくてもよいところはあるでしょう。その場合には、宗教はもっと精神的な高みを目指していくべきだと考えます。

以上が「幸福実現党宣言」です。

第2章

この国の未来をデザインする

1　この国に必要な「理念」とは

国家にも「設計図」が必要

第1章では、「幸福実現党宣言」と題して述べましたが、論点をまだ尽《つ》くせていないので、本章では、その他の論点について、考えていることを述べていきたいと思います。

私が今、やりたいと思っているのは、幸福の科学が発信しているもののなかから、最終的に、この国の未来をデザインしたいということです。さらには、この国の政治だけでなく、世界の未来をもデザインしたいと考えています。

まずは、その第一歩として、「この国の未来をどのようにデザインするか」ということについて、考えていきたいと思います。

やはり、何事においても、設計図がなければ物はつくれません。建物であろうと、船であろうと、飛行機であろうと、単純な機械であろうと、設計図がなければつくれないのです。

設計図があれば、大工なり、機械工なり、さまざまな専門家が、それに基づいてつくることができます。このように、設計図を持っていることが非常に大事なのです。設計図さえあれば、人の力を結集し、時間をかけていくことで、次第に設計図の示す方向に向かってできていくものです。

国もまったく同じであり、基本的には設計図が大事です。

国の設計図とはいったい何であるかというと、その国が拠《よ》って立つ「国家の理念」です。「何のための国家なのか。国家として何がしたいのか。どういう国にしたいのか」という未来ビジョンを持っていることが必要なのです。

会社で言えば、これは「経営理念」に相当するものです。会社には必ず経営理念が必要だと言われています。経営理念がなく、「ただ社員に給料が払《はら》えたらよい」というような会社は成り立っていきません。会社を大きくしたければ、やはり経営理念を持つべきであり、これを社員が共有したときにのみ、会社は大きくなっていくのです。

経営理念があってこそ、社長の心をわが心とする分身ができ、「社長が考える未来のデザインに向けて会社を大きくしていこう」と、社員が一致《いっち》団結して努力するからです。

国においても同様に、国家の経営理念があればこそ、国民はその実現に向けて、努力、邁進《まいしん》していくものです。したがって、国家の精神的な支柱、中心的な考え方というものは、とても大事です。

国家目標として掲《かか》げるべきもの

しかしながら、私が憲法に関する書籍《しょせき》などを読んだかぎりでは、この分野にも、戦後の唯物《ゆいぶつ》主義的、分析《ぶんせき》主義的なものの考え方が流れ込《こ》んでいて、「憲法には、人間の生き方など、『こうすべきだ』というような考え方を入れるべきではない」といったことを述べている憲法学者もいます。「哀《あわ》れ」と言うしかありません。

こうした考え方は、「会社というものは、とにかく毎日、事務所に通っていれば続いていくものだ」などと言っているのと同じです。目的がなくても会社が存続できると思っているならば、それは単なる通りがかりの人の目でしか見ていないということです。実際に、会社のなかに勤めている人の目から見れば、「やはり会社に理念がなければ、仕事はできない」ということが分かるはずです。

したがって、憲法学者が魚の解剖《かいぼう》でもするように考え、「何らかの理念だとか、生きがいだとか、人生の目標だとか、国家の目標だとか、そういったものは要《い》らないのだ」「ただ社会科学的に構造さえつくって、分析できれば、それでよいのだ」というように思っているなら、その考えは間違《まちが》いだと私は思います。

やはり、憲法というものがあるからこそ、国家の理念ができ、日本の国を動かす基本的な枠組《わくぐ》みができ、政治の方向性も決まってくるのです。

例えば、憲法に「唯物論的無神論」というものが掲《かか》げられたならば、いかなる宗教であっても、いくら努力しても、地下活動以外は行うことができません。「世界というものは、この世だけであり、あの世はないのだ。神も仏も存在しない」と憲法の前文に書かれていたら、宗教活動は死滅《しめつ》してしまいます。もし、宗教活動に類することを行っても、「それは、精神のない、この世的な慣習であり、儀式《ぎしき》にすぎない」ということになってしまいます。

したがって、「何を国家目標として考えているか」ということは、非常に大事なのです。

そのなかに、やはり国家であれば、「国民の幸福」というものは当然入るべきであり、世界のレベルで言えば、「世界人類の幸福」というものが入るべきだと私は思います。

何をもって「幸福」とするか

日本国憲法のなかにも幸福追求権はありますが（第十三条）、幸福の理念、すなわち「いったい何をもって幸福とするか」ということが非常に大事だと思うのです。

もちろん、その幸福のなかには、この世的なものも当然含《ふく》まれているでしょう。「三食を食べることができる」「衣食住に困らない」といったことも大事かと思います。それは最低限の問題としてあるでしょう。

しかしながら、「人間は魂《たましい》を持った精神的存在である」と考えるならば、やはり、憲法のなかに、国民を鼓舞《こぶ》し、精神的高みに導いていくようなものがなければならないと思います。

神も仏も否定し、あの世も霊的《れいてき》存在も否定して、人間をロボットのような機械と見なす思想の下《もと》で、この世的生存のみを目的とした国家運営を考えるような憲法は、認めがたいと考えています。

仏教で言う「色心不二《しきしんふに》」の考え方のとおり、この世においては、心と体は不二《ふに》一体《いったい》であり、分けることができない存在です。そのため、「この世での肉体的に健全な生活も、魂修行をしていく上で大切なものである」という半分の面は見落としてはならないと思います。しかし、「これはやはり半分であって、すべてではない」と考えなければなりません。

2　憲法は何を守ろうとしているのか

憲法遵守《じゅんしゅ》の義務は権力側にある

さて、第1章でも日本国憲法について述べましたが、まだ残っている論点が幾《いく》つかあります。

例えば、憲法ではかなり後ろのほうになりますが、第九十九条には、「天皇又《また》は摂政及《せっしょうおよ》び国務大臣、国会議員、裁判官その他の公務員は、この憲法を尊重し擁《よう》護《ご》する義務を負ふ。」と書いてあります。

「この憲法を尊重し擁護する義務を負う」のは、「天皇又は摂政及び国務大臣、国会議員、裁判官その他の公務員」であり、「国民」ではないのです。

この論点は押《お》さえるべきです。「国民には、この憲法を遵守する義務がある」とは書いていないのです。すなわち、「天皇以下、摂政、国務大臣、国会議員、裁判官その他の公務員が、権力を振《ふ》るって国民を苦しめたりしないように、国民を守る防波堤《ぼうはてい》として、この憲法を定めたのだ」ということを、ここから読み取らなければいけません。これは非常に重要な論点です。

つまり、「国家権力者の恣意的《しいてき》な判断から国民を守るために、この憲法はつくられたのだ」ということです。「天皇の一言《ひとこと》、あるいは、摂政や国務大臣、国会議員、裁判官などが、勝手な判断をして国民を苦しめたり、圧政を敷《し》いたりすることはできない」と、この条文は言っているのです。

「この憲法遵守の義務は、国民にあるのではなく、公務員及び公務員の上にある天皇や国務大臣等が守らなければいけない」ということです。すなわち、「憲法に外れたことをして、国民を苦しめるのは許さない」と言っているわけです。

「憲法にはそう書かれていても、われらは権力者だから、こうしたいのだ」などと、恣意的に国民を苦しめることは絶対に許さないという意志が、ここにあるのです。

もし国民にも「守れ」というのなら、「国民は、この憲法を守らなければならない」という条文が一行入るはずですが、入っていません。なぜならば、それは言う必要がないからです。要するに、この憲法そのものが、主として権力者から国民の権利を守るためにつくられたものであって、国民を縛《しば》りつけて、自由にさせないためにつくられたものではないのです。

「憲法は国民を守るための防波堤であるのだ」という点を、間違《まちが》ってはいけません。ここをしっかり押さえるべきです。

「憲法を守らなければならないのは公務員なのだ」ということです。昔で言えば「お上《かみ》」です。お上が国民をいじめないように、防波堤を築いて、「国民はこれで守られているのです。憲法を盾《たて》に使い、上手に自分たちの権利を守って、生き延びてください。あらゆる暴政や過酷《かこく》な要求に対抗《たいこう》するために、この憲法をつくったのです」と言っているわけです。

日本国憲法が「硬性《こうせい》憲法」である理由

そのため、日本国憲法は「硬性《こうせい》憲法」といって、改正することが難しくなっています。法律のように簡単に変えることができるなら、時の政権にとって都合のいいように、いくらでも変えられるので、国民を圧迫《あっぱく》することが可能になります。選挙で多数を取った者が、国民をひどい目に遭《あ》わせたり、苦しめたりすることもできるわけです。

第九十六条の「改正」のところでは、「この憲法の改正は、各議院の総議員の三分の二以上の賛成で、国会が、これを発議し、国民に提案してその承認を経なければならない。この承認には、特別の国民投票又は国会の定める選挙の際行《おこな》はれる投票において、その過半数の賛成を必要とする。」（第一項《こう》）、「憲法改正について前項の承認を経たときは、天皇は、国民の名で、この憲法と一体を成すものとして、直ちにこれを公布する。」（第二項）と書いてあります。

ここでは、「天皇のお触《ふ》れではなく、天皇は国民の名で公布する」という不思議な条項が入っています。これは、天皇が独裁者となり、詔《みことのり》などを出して国民を苦しめることがありうると予想しているのです。

「明治憲法下で、勅令《ちょくれい》と称《しょう》して、天皇陛下の命令が出て、国民の権利を奪《うば》うことができた」という歴史的な事実を踏《ふ》まえているのでしょう。その詔勅《しょうちょく》を出しているのは天皇というかたちになっています。

しかし、実際上は、総理大臣以下の大臣、もしくは、その下の官吏《かんり》、すなわち役人がつくったものに、天皇は抵抗《ていこう》できず、承認印を押さなければいけなかったので、役人がつくった法律で国民を苦しめることができたわけです。

この条項の趣旨《しゅし》は、「こうしたことを避《さ》けたい」ということです。

なぜ憲法の条文は少ないのか

このように、日本国憲法は硬性憲法と言われ、簡単に変えられる軟性《なんせい》憲法に比べて改正が難しくなっています。

総議員の三分の二以上、すなわち、出席議員ではなく、定員の三分の二以上の賛成で、国会がこれを提案しなければいけないのです。そして、国民に投票させて、過半数を取らなければいけません。

このように、改正において難しい面はありますが、それは憲法を変えたくないからではなく、恣意的に国民の権利が侵害《しんがい》されるようなことが起きないようにするためなのです。なぜなら、この憲法を守る義務があるのは公務員だからです。

この憲法は、公務員の暴政から国民を守るために、改正が容易にできないようにつくられたのです。

したがって、「憲法が国民を圧迫したり、迫害したり、苦しめたりするために使われるのは、憲法の本来の趣旨からは逆転している」ということを知らなければなりません。「国民の権利を侵害する目的で憲法を使ってはいけない」ということです。公務員に抗議《こうぎ》するためにこの憲法が定められているのです。

そのため、日本国憲法は、誰《だれ》もが目を通せるように、わずか百条余りの条文にして、「私たちのこういう権利は認められているのだ」と分かるように教えています。「もし無理難題を言われたら、憲法を盾にして戦いなさい」ということなのです。

憲法前文は二つの憲法が成立する可能性を想定している

そして、憲法に違反する法令は存在できないことが、憲法のなかにも前文にも書いてあります。

第九十八条では、「この憲法は、国の最高法規であつて、その条規に反する法律、命令、詔勅及び国務に関するその他の行為《こうい》の全部又は一部は、その効力を有しない。」（第一項）と書かれています。

今の憲法下では、天皇の「詔勅」で一方的に命令が出せるはずはないのですが、こんな古い言葉まで念のために入れてあるのは、万一《まんいつ》、超法規的《ちょうほうきてき》に詔勅が出されては困るからです。

ところが、面白《おもしろ》いことに、前文を見ると、「われらは、これに反する一切の憲法、法令及び詔勅を排除する。」と書いてあります。第九十八条では、「憲法」については書いてありませんが、前文では「これに反する一切の憲法も排除する」とされており、前文と第九十八条とで矛盾《むじゅん》があるのです。これは読むと、すぐに「おかしい」と感じるところです。

すなわち、前文では、二つの憲法が成立する可能性があることを予想しているのです。

憲法であっても、ほかにつくられる可能性がないわけではありません。例えば「特別憲法」と称して、条文を追加し、「時代が変わったので、特別憲法をつくりました」などと、現行の憲法を改正されたら困るので、前文では「憲法」まで書いてあるのでしょう。

これは、他の憲法が出てくることを想定し、「この憲法が認めるところの手続きを経なければ、他の憲法は存在できない」ということを意味しています。

「これに反する一切の憲法」とは、明治憲法のようなものが復活してくることを予想しているのだと思います。

3　裁判員制度がはらむ危険性とは

人民裁判の恐《おそ》ろしさ

現在、「裁判員制度」が導入されようとしていますが（二〇〇九年五月二十一日より実施《じっし》）、第三十二条には、「何人《なんぴと》も、裁判所において裁判を受ける権利を奪《うば》はれない。」と書いてあり、これに違反《いはん》するかどうかという問題が一つあります。

「裁判所において裁判を受ける権利」という以上、まさか「裁判所において素人《しろうと》の裁判を受ける権利」と予想する人はいません。もし、ソクラテス裁判のように、人民裁判がなされるのであれば、怖《こわ》いと思うはずです。

人民裁判の原形は何かといえば、石つぶてを投げて殺すことです。人民の手によって死刑執行がなされるわけです。そうした素人による人民裁判が怖いので、「何人も、裁判所において裁判を受ける権利を奪はれない。」と書いてあるのです。「きちんと法律の専門家が審査《しんさ》して、あなたを裁いてくれるのです。あなたの権利は素人によって感情的に侵害《しんがい》されたりしません」ということです。

憲法は、そうした理性を求めているのです。「理性と法律に基づいた判断が国民を守る」ということを、この憲法は予定しているわけです。

現在、導入されようとしている裁判員制度は、アメリカ等の陪審員《ばいしんいん》制度に倣《なら》った制度ですが、この陪審員制度は、陪審員が「有罪か無罪か」だけを決めて、具体的、法律的な内容については裁判官に任せる制度です。裁判官は「有罪か無罪か」という陪審員の結論には拘束《こうそく》されますが、「量刑をどうするか」といったことは任されるのです。

しかし、日本の裁判員制度は、裁判官と一般人《いっぱん》が一緒《いっしょ》になって、量刑まで決めていくということなので、極めて危険な領域に入っていることは間違《まちが》いありません。裁判員の選び方によっては、大変なことが起きる可能性があります。

まともな判断ができない裁判官

裁判員制度導入の本当の理由は、「裁判官に、あまりにもこの世離《ばな》れした人が多く、常識に疎《うと》くて世の中のことが分からないので、国民の権利が損《そこ》なわれている。一般国民のほうがまともなので、裁判に参加させて意見を言わせたほうが、結論が間違わないだろう」ということです。給料を全額放棄《ほうき》してほしいぐらいの考えだと言えます。

裁判官がフリーターか派遣《はけん》社員になるような意味合いが感じられます。「プロではまともな判断ができないので、素人《しろうと》を入れる」と言っているわけですから、まことに恐《おそ》ろしいことです。

それほど、最高裁判所の事務局は、誤審《ごしん》、誤判の事案をたくさん持っているということでしょう。上告されてくるもので、「これは間違っている」というものを数多く抱《かか》えており、もう嫌《いや》になっているのです。

裁判員制度で裁判は迅速《じんそく》になるか

さらに、「迅速《じんそく》な裁判」というものも憲法では保障されています。第三十七条には、「すべて刑事《けいじ》事件においては、被告人《ひこくにん》は、公平な裁判所の迅速な公開裁判を受ける権利を有する。」と書いてあります。

しかし、「迅速な公開裁判」が守られているかといえば、そうではありません。一般的に十年、ともすると二十年かかります。事件が難しければ難しいほど、重ければ重いほど長くなり、この権利は害される傾向《けいこう》があります。また、必ずしも公開裁判であるとは言えないものも多いのではないかと思います。

したがって、「裁判員制度が導入されて裁判が迅速になるかどうか」が一つの見どころです。今まで以上に紛糾《ふんきゅう》する可能性も、ないとは言えません。裁判員に対して法律の講義をし、「刑には、このようなものがあって……」などと説明しなければいけなくなり、今よりかなり遅《おそ》くなることも、ないとは言えないので、今後、よく見ていかなければならない重要事項《じこう》だと思います。

〝魔女狩《まじょが》り〟を許してはならない

特に、宗教的立場から見て危険だと思われるのは、「この裁判員制度によって、はたして、宗教にかかわる裁判などが正しく裁かれるかどうか」ということです。ここに一つの疑問があります。

宗教的なものの場合には、例えば、少数者が信じている宗教というものがあるので、多数意見が必ずしも正しいとは言えない場合があります。多数意見ですべてが決まるのであれば、ある意味で、信教の自由はないに等しくなってしまいます。

したがって、裁判員制度の導入によって、〝魔女《まじょ》裁判〟が行われないかどうか、非常に重大な関心を持って見なければなりません。国民の大多数にアンケートをとって、もし「宗教を信じない」という人が七割も八割もいるならば、宗教に関する裁判では、宗教を信じている側の人は、みな非常に不利な立場に置かれてしまいます。

無作為《むさくい》に選ばれた一般の男性や女性、十人ぐらいに訊《き》いて、「あれはインチキ宗教だ」と決めつけられたら、それですべて終わってしまうことだってあるわけです。

「インチキ宗教だから、全部有罪にしてしまえ」などと判断されるようでは危険です。「一般国民の感情あるいは多数決が必ず正しいのか」ということには疑問があるので、この点については、今後、注意深く見守っていく必要があると思います。

4 「信教の自由」の解釈《かいしゃく》について

「信教の自由」は「内心の自由」の代表例

これにちなんで、第1章でも述べた「信教の自由」の話に少し戻《もど》ります。これは大事な論点なので、何度も述べておく必要があると思います。

第二十条には、「信教の自由は、何人《なんぴと》に対してもこれを保障する。いかなる宗教団体も、国から特権を受け、又《また》は政治上の権力を行使してはならない。」（第一項《こう》）、「何人も、宗教上の行為《こうい》、祝典、儀式《ぎしき》又は行事に参加することを強制されない。」（第二項）、「国及《およ》びその機関は、宗教教育その他いかなる宗教的活動もしてはならない。」（第三項）と規定されています。

この条項は何のためにあるのでしょうか。「信教の自由は、何人に対してもこれを保障する。」というのは、よいでしょう。これは、もとは内心の自由から出てきています。第十九条に、「思想及び良心の自由は、これを侵《おか》してはならない。」という規定がありますが、この思想・良心の自由こそ、内心の自由です。

これは精神的自由権の一つですが、内心の自由は「人権のなかの人権」です。要するに、心のなかで思うことまで禁止されたら、もはや人間としての尊厳はないに等しいのです。

これは、「たとえ体はどのように扱《あつか》われても、心のなかは自由である」という、古代のストア派の考え方と同じです。「たとえ奴隷《どれい》であっても、心のなかまでは主人の自由にはできない」という考えです。エピクテトス（奴隷出身）などの後期ストア派の人たちは、そのような考えを持っていました。内心の自由は、そういうところからも来ている考え方です。

まず内心の自由があって、内心の自由の一つの具体的な代表例として、第二十条で信教の自由が出てきているのです。

小さな宗教を弾圧《だんあつ》から守るための規定

第一項の「信教の自由は、何人に対してもこれを保障する。」というのは結構ですが、問題は、このあとです。

第一項の後段には、「いかなる宗教団体も、国から特権を受け、又は政治上の権力を行使してはならない。」と書いてあります。

この解釈を巡《めぐ》って議論が起きると思いますが、この立法趣旨《しゅし》は何かといえば、もともとは、明治憲法下の国家神道《しんとう》の下《もと》で、さまざまな宗教が圧迫《あっぱく》・排除《はいじょ》されてきた事実に鑑《かんが》み、それを防止しようとしたものです。

廃仏毀釈《はいぶつきしゃく》と言って、仏像が焼き捨てられたり、お寺が壊《こわ》されたりすることが、国家神道が成立する過程で現実にありました。

つまり、日本の宗教を国家神道に一本化し、いわゆる欧米《おうべい》型の一神教のようにしたかったのだと思います。それが近代的なことであると考え、国家神道に一本化しようとして廃仏毀釈が行われ、ずいぶん、お寺が壊されたり、御本尊《ごほんぞん》が潰《つぶ》されたりしました。

「いかなる宗教団体も、国から特権を受け、又は政治上の権力を行使してはならない。」という規定を入れた、もともとの趣旨は、かつての国家神道から来ているわけです。

日本国憲法のなかには天皇制が入っていますが、「天皇制は、神道の中枢《ちゅうすう》部分に当たるものなので、象徴《しょうちょう》として、かたちだけは残すけれども、実質的なことはしてはいけない」ということが憲法に書いてあるわけです。

したがって、この条項は、国家神道によって他の宗教が迫害された歴史に鑑みて、「そういうことが二度とないように」という趣旨であるのです。

つまり、少数者の宗教が弾圧されないためにつくられたのです。

国教のレベルになると、少数派の宗教が弾圧されがちなので、そういうことを抑止《よくし》し、小さな宗教を守るために、この規定はあります。また、新しい宗教等が出てくることに蓋《ふた》をされないようにするためでもあるのです。宗教改革などもできるようになっているわけです。

エジプトではキリスト教コプト派の権利が侵害《しんがい》されている

今、エジプトでは、まさしくこの問題が起きています。

エジプトでは大部分がイスラム教徒ですが、一部に、キリスト教の一派であるコプト派というものがあります。

イスラム教では、豚《ぶた》を非常に穢《けが》れたものとして忌《い》み嫌《きら》う傾向《けいこう》があるため、エジプトで多数決を取ったら、国民の九十パーセント以上は、「豚は穢れているから、このようなものは要らない」という判断をします。そのため、エジプトでは、いわゆる豚インフルエンザの感染防止のために、豚をみな焼き殺そうとしています。

少数派のキリスト教コプト派の人たちは、豚を飼い、豚肉を食べる習慣があるので、彼らにとっては大変な財産権の侵害《しんがい》と宗教的弾圧に相当するわけですが、多数決を取ると、イスラム教が主力なので、絶対に勝てないのです。

コーランのなかには、「豚肉を食べるなかれ」ということが書いてあります。蹄《ひづめ》のあるなしなどについて、精緻《せいち》な理論が載《の》っているのですが、これは、おそらく、当時は冷蔵庫がなかったからだと思います。豚肉は牛肉よりも腐敗《ふはい》が早い上、豚は寄生虫を持っていたりするので、豚肉にあたって病気になったり、死んだりする人が多かったのでしょう。そのため、「豚肉を食べるな」と言ったのではないかと推定されます。

現代では、冷蔵庫がありますし、電子レンジなど便利な道具も増えているので、少し考え方が違《ちが》うかもしれません。今であったら、ムハンマドを通して、こうした戒律《かいりつ》は出てこないのではないかと思います。

砂漠《さばく》の暑い地域で豚の生肉を食べたら、死ぬ人が続出したため、こういう戒律ができたのでしょう。私は、この戒律に深い意味があるとは思っていません。たまたま、その地域に合わせたものではないかと思います。

しかし、今の人にとっては、非常に重要な戒律になってしまっています。そのため、少数派の人たちは、権利を踏《ふ》みにじられようとしています。

そういうときのために、第二十条一項の後段のような規定が必要なのです。少数者の信教の自由を制度的に保障する意味で、こういうものがあるわけです。

宗教団体の徴税権《ちょうぜいけん》が排除《はいじょ》されている

それから、「いかなる宗教団体も、国から特権を受け、又は政治上の権力を行使してはならない。」という規定には、もう一つの意味があります。

それは、ある意味で、この信教の自由のなかに、宗教団体の徴税権《ちょうぜいけん》を排除《はいじょ》する趣旨が入っているのです。国には税金をかける権利がありますが、宗教団体については、この徴税権を持つことが排除されている趣旨があると思うのです。

ドイツ等では、教会が教会税を取ったりするようなことがありますが、日本においては、「いかなる宗教団体も、国から特権を受けてはいけない」ということで、「徴税権を持った宗教団体があってはいけない」ということになっているのです。そのように、徴税権を排除する趣旨が、このなかには入っていると思われます。

現在は、税法上、純粋《じゅんすい》な宗教活動に関しては非課税ですが、収益性を伴《ともな》う事業に関しては、宗教団体が行うものについても課税されるかたちになっています。

幸福の科学でも、私が説法をし、その参加者がお布施《ふせ》をした分については非課税ですが、私の説法を本にして、幸福の科学出版株式会社から出版すると、その収益に対しては課税され、税金を取られるわけです。

これについては、「本の中身は聖書や仏典と同じですよ。これに課税するのは、おかしいのではありませんか」と言いたいし、何度も言ってきたことではあるのですが、税務署は、「内容についてはタッチせず、外見でしか判断しないことになっている」と言っています。

そのように、宗教活動とそうでないものというように一律に分けて、課税・非課税が決められているのです。

宗教団体も政治的発言ができるのは当然である

それでは、本当に、宗教団体は一切の政治的な権力を行使してはならないのかというと、第二十一条には、「集会、結社及び言論、出版その他一切の表現の自由は、これを保障する。」と書いてあります。集会、結社、言論、出版の自由があるわけです。

どのような私的団体であろうとも、集会をしたり、結社、要するに会社なり、組合なり、団体なりをつくったり、考えたものを言論として発表したり、書籍《しょせき》その他の出版をしたりするような「一切の表現の自由」を保障すると書いてあります。

この規定が宗教団体にだけ適用されないということは考えられませんし、もしそうであれば非常な差別に当たると思います。

一般的な、集会、結社、言論、出版の自由など、一切の表現の自由が規定されている以上、宗教団体も、結社の自由のなかに含《ふく》まれているわけなので、「団体をつくり、集会をし、自由な言論をなし、それを発表するために出版する」ということは、当然、許される範囲《はんい》内に入っています。

その言論や出版等が政治にかかわるものであった場合に、「宗教団体は、政治に関して、一切、何も言うなかれ。何も行動するなかれ。政治に関しては、集会する権利もない」ということであるならば、これは、「国が宗教を弾圧できる」ということです。

「宗教団体は、政治的集会はできない。政治的な意見を発表できない。政治的な本は出せない。政治的発言は一切してはいけない」ということになれば、表現の自由はないのと同じです。「信仰《しんこう》を持つ者は政治的発言ができない」ということになってしまいます。

そうすると、そもそも、「信教の自由は、何人に対してもこれを保障する。」という規定が嘘であることになります。「この条文自体が嘘であり、信教の自由を保障していないではないか」ということです。

「宗教に入信したら、一切、政治的発言や行動ができなくなる。集会もできなくなる」ということでは、信教の自由を保障していることにはならないでしょう。「信教の自由を放棄《ほうき》したら、何人《なんぴと》も政治上の権力を行使できる」ということなら、「信教の自由」に反し、唯物論《ゆいぶつろん》国家になってしまいます。

一般人が普通《ふつう》にいろいろな政治活動をできるように、もちろん、会社が政治活動をしてもかまわないわけです。違法《いほう》な献金《けんきん》など、違法行為を伴わないならば、自分の会社が有利になるような政党を応援《おうえん》したり、自分の会社の産業が発展するような候補者を応援してても別にかまわないのです。

それは宗教団体も同じであり、法に反しないかぎり、普通の団体ができることは、すべてなしうる権利を、当然、持っているのです。

そのように解釈《かいしゃく》しなければいけません。

したがって、第二十条一項後段の規定は、主として、国家神道による廃仏毀釈等の歴史上の事実から見て、政治と宗教が一体になったときに、他の宗教を弾圧するような行為を戒《いまし》めていて、「少数者の信教の自由も保障する」ということを意味しているのです。

また、「国のほうも宗教に介入《かいにゅう》しないように」ということを意味していると捉《とら》えてもよいと思います。

国に一切の宗教行為《こうい》を禁止するのは問題がある

それから、「何人《なんぴと》も、宗教上の行為《こうい》、祝典、儀式又は行事に参加することを強制されない。」（第二項）、「国及びその機関は、宗教教育その他いかなる宗教的活動もしてはならない。」（第三項）という規定についても、論点はたくさんあり、判例等も積み重なっています。

判例が集中しているのは、例えば、「国や地方公共団体が、建物を建てる際の起工式等を神道式で行い、地鎮祭《じちんさい》をして、お祓《はら》いをしたり、玉串料《たまぐしりょう》を納めたりすることが、違憲かどうか」というものです。

裁判所は、習俗《しゅうぞく》に属すると判断されるものについては、だいたい違憲判定を避《さ》ける傾向が一般的にはあります。建設業者などは、やはり、きちんとお祓いをしないと、怖《こわ》くて、気持ちが悪いのでしょう。「お祓い等、何もしないで建てて、もし事故が起きたらどうする」という怖さがあって、やっている面があると思うので、その辺にまで目くじらを立てるべきではないでしょう。

ただ、「こういう方式以外での地鎮祭をしてはいけない」などと特定したら、やはり問題があります。

したがって、キリスト教でも、仏教でも、自分たちなりの地鎮祭のフォームをつくって行えばよいのであって、どれを選択《せんたく》するかは施主《せしゅ》の考えでかまわないのではないかと思います。「一切の宗教行為について、国が絡《から》んではいけない」というのは、考え方としては少し問題があるのではないでしょうか。

首相の靖国《やすくに》参拝問題はマスコミのマッチポンプ

さらに、この問題に関してよく出てくるのは、靖国《やすくに》神社の参拝問題です。

首相が参拝したときに、「内閣総理大臣の資格で参拝したのか、私人の資格で参拝したのか」「玉串料は、公費から出したのか、私費から出したのか」などということを、帰り道でマスコミから「ぶら下がり取材」で必ず訊《き》かれることになっています。

以前、中曽根《なかそね》首相（当時）が、「内閣総理大臣・中曽根康弘《やすひろ》」と書いたため、そうとう問題になったことがあります。マスコミが一生懸命《いっしょうけんめい》に報道するので、中国などからいろいろクレームが来るような事態になりました。

実は、これは、「マスコミが日本から発信して、中国等に知らせ、わざと抗議《こうぎ》をさせる」という、マッチポンプをやっている状況《じょうきょう》なのです。

ただ、私は、この問題に関しては、どこにでも参拝できるかたちになっていて、選択の自由があれば、あまり、あれこれ言う必要はないと思うのです。

例えば、麻生太郎《あそうたろう》氏はクリスチャンです。宗教上の考え方から言えば、本当は教会へ行かなければいけないのでしょうが、クリスチャンであっても、「戦没者《せんぼつしゃ》の慰霊《いれい》をしたい」という寛容《かんよう》なものの考え方を背景に持って靖国神社に行くのであれば、別に問題はないと思います。

私自身は、靖国神社に参拝したことはありませんが、少なくとも、外国から、日本の国の総理や大臣が参拝することの是非《ぜひ》を決められたり、禁止されたりするような謂《い》われはないと思います。これは、明らかな内政干渉《かんしょう》としか言いようがありません。「そんな権利がいったい誰《だれ》にあるのか」ということです。

中国の国家主席で、道教の信者であると言われた人もいます。そこで、例えば、その国家主席が道教方式で先祖供養をするときに、日本政府が「あなたの国、中《ちゅう》華《か》人民共和国は、マルクス・レーニン主義に則《のっと》って建設された国家なのだから、無神論、唯物論が国是《こくぜ》のはずです。したがって、道教に基づいて先祖供養をするというのは、とんでもないことです。決して先祖を供養してはなりません。決して、お父さんやお母さんを祀《まつ》ったりするようなことをしては相なりません」と、内閣総理大臣名で公式に抗議してごらんなさい。

そんなことが世の中で通用すると思いますか。完璧《かんぺき》に内政干渉であり、中国国民は激怒《げきど》するはずです。

そういうことを、日本はされているわけです。それは、手引きする者がなかにいるからできていることなのです。日本のマスコミのなかに、一生懸命に騒《さわ》いでいる輩《やから》がいるから、そういうことが起きているのです。

日本は独立した国であり、属国ではないのですから、「それは内政干渉である」と、バサッと切るべきです。

憲法を他国に悪用されないための切り返しも必要

「わが国は、中国の属国でも植民地でもなく、何らの資金援助《えんじょ》も受けておりません。こちらが、かつて、毎年一千億円も、中国に資金援助をしたことはありますが、日本が受けたことは一円もありません。だから、とやかく言われる筋合いはありません。

あえて一言、付け加えさせていただくなら、『靖国神社に参拝するなかれ』などという細かい〝箸《はし》の上げ下ろし〟についてまでおっしゃるのであれば、中国も、日本の大都市に向けた中距離弾道弾《ちゅうきょりだんどうだん》の核ミサイルを、全部、取り外してから言ってください。そういう平和的な国になってから言ってほしいものです」と、きちんと言うべきです。

向こうの言い分としては、「日本の総理大臣が靖国神社に行くと、日本がまた軍国主義化し、凶暴《きょうぼう》な侵略国家になって危険だから、その前に、首根っこを押《お》さえておかなければいけない。ここでしっかり謝《あやま》らせて、〝歴史的反省〟をさせておかないと、また、凶暴な国になるかもしれないから、『参拝するな』と言っているのだ」ということだろうと思われます。

これに対しては、「それを言うのであれば、日本の大都市に向けている中距離弾道弾を全部取り外してから言ってください」と、そのくらいは切り返さなければいけないと思います。

「平和的な国家に言われるのなら、まだ分かります。しかし、短時間で日本の主要都市を壊滅《かいめつ》させる能力を持っていて、現に、その準備ができているような国に言われたくはありません。現在、どちらが侵略的な立場にあると思いますか。今、この憲法下で、日本が中国を侵略できると思いますか。できるはずがないでしょう」と言うべきです。

日本が侵略などできないことを分かっていて、そういう言いがかりをつけてきているのですが、「自分のところはどうなのですか」ということです。日本を脅《おびやか》そうと思えば、いくらでも脅せる状況です。

さらに、「日本にそのようなことを言う前に、おたくの事実上の属国だと思われる北朝鮮《きたちょうせん》に対して、『核ミサイルをなくせ』と、一言、言ってください。『核ミサイルをなくさなければ、こちらから撃《う》ち込《こ》むぞ』と言って、なくさせてください。北朝鮮を平和な国にしてください。

そうしたら、日本も、もっと安らかな平和国家がつくれます。あんな所で『核兵器をつくるぞ』と宣言されたら、おちおち夜も眠《ねむ》れません。非核宣言で、『世界を非核化したい』と思っても、現実に、至近距離の所で核ミサイルをつくり、『日本に向けて撃つぞ』と言われたら、こちらも何か対抗手段を考えざるをえないので、すべての選択肢《し》を捨てるわけにはいかないのです。靖国神社の参拝についてまでおっしゃるのでしたら、現実の危機を何とかしてください。

北朝鮮は、中国の支配下にあるような国であり、中国がエネルギーや食糧《しょくりょう》を止《と》めたら、この国は成り立たないのですから、きちんと叱《しか》ってください。それをしてから言ってください」と、このくらいは言いたいところです。

日本の憲法を、他国に悪用はされたくないものだと思います。

宗教的な式典等には寛容《かんよう》な態度を取るべき

それから、宗教的な行事を含んだ式典等も、この世にはいろいろあろうかとは思いますが、そのときに、「必ず入信させる」というようなことがなく、世間で通常に行われているようなものであれば、それほど目くじらを立てずに、寛容《かんよう》な態度を取りたいと思います。

例えば、体育館に日の丸の旗がかかっているだけで、「これは日本神道だから、この学校の卒業式には出ない」などというのは、少し度が過ぎているのではないかと思います。そこまで言う必要はなく、それは儀礼、慣習の範囲だと考えます。

5 「言論・出版の自由」と「名誉毀損《めいよきそん》」の問題

言論・出版の自由は「国家権力からの自由」である

さらに、論点としては、名誉毀損の問題等もあります。

これは、幸福の科学が、一九九一年以降、マスコミに対して起こした訴訟《そしょう》などを通して訴《うった》えてきたことでもあります。

「言論・出版の自由」自体はよいのですが、それには一定の制約があると思うのです。

以前にも、私の著書『幸福の科学興国論《こうこくろん》』（幸福の科学出版刊）で述べたことがありますが、憲法で保障されている「言論・出版の自由」というものは、基本的に「国家権力からの自由」です。

国家が言論や出版を弾圧《だんあつ》したりしないようにするための自由であり、私人《しじん》に対する「言論・出版の自由」ではありません。他人の悪口《わるくち》を言い続けたり、そういう記事を書いて出版したりすることの自由ではないのです。

これは一般的《いっぱんてき》な法則に則《のっと》って判断すべきであり、この世において、礼儀《れいぎ》上、許されないようなことは、やはり、許すべきではありません。

言論・出版の自由は、国家が弾圧などをしないように、制度的に認められているものです。

これが、第二十一条の「言論、出版その他一切の表現の自由は、これを保障する。」というところについてです。

公人《こうじん》に対する「言論の自由」においてはバランス感覚が必要

ところが、ここには「公人《こうじん》」に関する問題があります。「私人に対して自由ではないのは分かるけれども、公人に対してであれば、何を書いてもかまわない」という、マスコミを有利にする考え方が一つあるわけです。

それによって、例えば、日本の総理大臣等は悪口を言われ放題になっています。そして、内閣の支持率が下がってくると、「辞めろ」と言われるのです。

公務員を罷免《ひめん》する権利は国民固有の権利であるはずですが、実はマスコミ固有の権利になっているのが現状なのです。

マスコミが悪口を言い続ければ、公務員を罷免できます。要するに、首相でもクビにできるのです。

マスコミは、そういう権力を持っています。「かつて第四権力と言われていたマスコミは、今、事実上、第一権力になっている」と言われているのです。

この公人に対しての「言論の自由」は、なぜ認められているのでしょうか。

一つの理由としては、「公人の私生活や考え方などを、いろいろと書いたりすることによって、公益に奉仕《ほうし》する」という考えがあるのは事実です。

確かに、私生活上の問題や過去の経歴など、いろいろなものを調べて公表することによって、多くの人が「その人は、どんな人物か」ということを判断するための材料を提供しているわけです。

その意味において、公人の場合は、マスコミに書かれたりすることに関し、一般の人よりも甘受《かんじゅ》しなければいけないことが多いのは事実だろうと思います。

さらに、そこには、もう一つの理由があります。

「公人であるならば反論の手段を持っているであろう。だから、公人は叩《たた》いてもかまわないのだ」という考え方もあるのです。

すなわち、「週刊誌や新聞などに書かれたら、公人は自分で反論すればよい。公の場にて反論すれば、公人なら取り上げてもらえるだろう。だから、公人の場合は、叩いてもかまわないのだ」という考え方があるわけです。

これに対しては、近年、「公人の持っている反論手段が、マスコミの持っている攻撃《こうげき》手段と釣《つ》り合っているかどうか」ということが問われています。

ここのところは実に重要な問題です。

当会も、一九九一年以降、経験したことですが、大きなマスコミを相手にした場合、向こうの媒体《ばいたい》に対して、自分たちのほうは、例えば、「チラシやビラ、街頭演説などで反論する」というのでは、まるでカマキリがカマを振《ふ》り上げて人間に戦いを挑《いど》むようなものです。

チラシやビラ、街頭演説程度では、一千万部や八百万部もの発行部数を持つ新聞や、視聴率《しちょうりつ》で十パーセントも取れば一千万人の人が見ているとも言われるテレビなどの大マスコミからの攻撃に対抗《たいこう》するのは、やはり不可能なことです。

そのため、公人に対する「言論の自由」においても、「対抗手段として、対等のものを持っているか」というバランス感覚が今は非常に問われています。

一九九一年当時、当会は対抗手段が十分になく、大変だったので、その後、雑誌「ザ・リバティ」（幸福の科学出版刊）などを創刊したりしたわけです。

会内の月刊誌の読者は信者が中心なので、そこにいくら反論を載《の》せても、一般の人は必ずしも読んでくれません。それでは反論にならないのです。

そこで、書店売りの雑誌なども出すようにしましたが、そこまで行くだけでも、なかなか大変なことであり、普通《ふつう》はできないのです。

しかし、書店売りの雑誌などを出したとしても、部数において巨大《きょだい》マスコミと対抗できるだけのものを出すことは、やはり、そう簡単なことではありません。

そうとう資金力があり、いろいろな人材がいて、準備に何年もかけて、初めてできるようなことではあるので、その辺のところを考え、マスコミも立場をわきまえなければいけないと思います。

マスコミも間違《まちが》いを犯したら、素直に謝罪すべき

最近、週刊誌等の報道に対して、社会から厳しい視線が注がれたり、裁判所もマスコミに対して、厳しい判断をよく出したりしていますが、実は、幸福の科学の抗議活動等が起きてから、そうなってきたのです。

「マスコミ内部にある悪を、はっきりと認識し、抗議した」というのは、幸福の科学が初めてだったわけです。

それまでは、憲法学者も、「言論・出版の自由」については手放しで持ち上げ、「この自由さえあれば民主主義は守れる」という考え方だったのです。

「言論・出版の自由は〝ガラスの城〟のようなものであり、少し叩くと、すぐ

壊《こわ》れてしまうので、ものすごく大事に守らなければいけない。これに触《ふ》れるなかれ」という感じで、手放しに持ち上げる傾向《けいこう》があったと思います。

しかし、言論・出版の自由のなかには商業主義が入っていて、悪質なものもそうとうあったのです。捏造《ねつぞう》、虚偽《きょぎ》報道などが数多くなされていて、「自分たちがそれを知っていても修正しない。あるいは謝罪しない」という傾向が長らく続いていました。

最近、ようやく、この辺りに対する社会の目が厳しくなってきて、マスコミも間違《まちが》いを認めて謝罪をする流れが出てきましたが、以前は、「間違いを認めたら権威《けんい》にかかわる」と思って、絶対に間違いを認めないことが多かったのです。

ここは、論点の一つとして押さえておきたいと思います。

プライバシー権も、行き過ぎると問題が出てくる

それから、名誉毀損とは少し違いますが、いわゆる「プライバシー権の確立」の問題は、憲法論議としてよく出ています。流れとしては、プライバシーを守る方向にあります。

近年、個人情報保護法が施行《しこう》され、個人に関するいろいろなことが、他の人には以前より分かりにくくなってきましたが、それは、個人の情報が悪質商法に使われる傾向があったので、それを防ぐためなのです。

以前は、例えば、私立中学校に受かると、業者からたくさんダイレクトメールや電話が来て、「どこで名簿《めいぼ》を手に入れたのだろう」と思うようなことがよくありました。そこで、個人に関する情報をだんだん発表しないようになってきたのです。

ただ、これについて、私は、「若干《じゃっかん》、気をつけないといけない。行き過ぎている面もある」と考えています。

確かに、「プライバシー権」というものもあるでしょう。

プライバシー権とは、要するに、「一人のままで放っておいてもらう権利」のことです。これは誰《だれ》もが持っている権利であり、あることはあるのです。

しかし、積極的な権利として、あまり出すぎると、世の中で円滑《えんかつ》な人間関係を築いたり、通常の社会活動をしたりすることが難しくなる傾向が生じてくるのです。

プライバシー権については、ほどほどの中道というものを考えなければいけないと思います。

そうでなければ、ある意味で、「知る権利」が失われる面もあるのです。

例えば、公立系の学校には、卒業生がどこへ進んだかを発表しないところが数多くありますが、「自分の子を、その学校に入れるかどうか」を考えている父兄にとっては、「その学校の卒業生がどうなったのか」を知ることは、非常に重要な判断材料になるのです。

学校側が、プライバシーを盾《たて》にとって発表しないのは結構ですが、結局、父兄の「知る権利」を阻害《そがい》し、教育のチャンスをファジーにしてしまっている面もないとは言えません。

私立の学校や塾《じゅく》などは平気で実績を発表しています。国公立、特に公立の学校では、「個人のプライバシーですから」と言って、発表しない傾向がありますが、〝怠《なま》けの原理〟も裏には入っていて、実は、「実績を見られたくない」という心もあるのです。この辺は要注意かと思います。

6　「生存権」に関する問題

「健康で文化的な最低限度の生活」のレベル設定は難しい

次に、「生存権」の問題について述べます。

第二十五条には、「すべて国民は、健康で文化的な最低限度の生活を営む権利を有する。」とあります。

昨年末、職や住まいを失った派遣《はけん》労働者などのために、日比谷公園に「年越《こ》し派遣村」というものが設けられました。それを報じているテレビを観ていたところ、「『生存権』が、こんな状態になっている。これでは憲法が機能していない」ということを言っている向きもありました。

ただ、「健康で文化的な最低限度の生活とは、どのくらいのものか」という問題があると私は思うのです。

例えば、「ブラジルにいる信者が、幸福の科学の映画を観に日本へ来るには、旅費が三十万円ぐらいかかる。その金額は、その人の年収に当たる」ということを聞いたことがあります。

では、日本人で、年収三十万円で生活している人、すなわち、月二万円あまりで生活している人は、どのくらいいるかというと、たまにアルバイト生活をする人以外は、ほとんどいないでしょう。

また、ネパールから幸福の科学の精舎《しょうじゃ》に参拝しようとして来日する場合にも、やはり、旅費は年収一年分ぐらいに当たるそうです。

アフリカには牛の尿《にょう》で顔を洗ったりする人たちも数多くいますし、中国の農村部には月給二万円ぐらいの人も大勢います。

それほど世界には格差があるわけです。そういう差があることは知っておいたほうがよいでしょう。

そのため、現実には、「健康で文化的な最低限度の生活のレベルをどの程度に設定するか。最低限度の生活の基準をどこに設けるか」ということが、非常に難しい問題としてあると思います。

「生活水準は、国が発展すれば上がってきて、発展しなければ上がらない」という面があるのです。

「就職するチャンス」を数多く与える

収入を増やす方法は、第一義的には、教育の機会が均等に与えられていることです。

生まれた家が豊かであろうと貧しかろうと、親の身分が高かろうと低かろうと、家柄《いえがら》がよかろうと悪かろうと、そういうことには関係なく、「教育を受ける権利」が均等に保障されていることが大事です。

教育を受ける権利があれば、それが「職業選択《せんたく》の自由」につながっていき、よい職に就《つ》けるチャンスが増えます。したがって、教育を受けるチャンスがきちんと与えられているようにする必要があります。

例えば、収入がない人には、奨学金《しょうがくきん》制度や授業料免除《めんじょ》など、いろいろと道が開かれることは大事ですし、教育ローン等を組みやすくすることも必要だと思います。

ただ、就職してからの収入格差については、いかんともしがたい面はあります。

今、オバマ大統領は、日本をモデルにし、ある意味で、〝アメリカの日本化〟を進めています。

日本は、税率がすごく高くて、アメリカのように、年に何十億円も儲《もう》ける人や、何兆円も資産を持っている人がほとんどいないため、こういう面で遅《おく》れているとアメリカから見られていました。

ところが、オバマ氏は、アメリカの富裕《ふゆう》層に向かって、「ウォールストリートで儲けている者はグリード（強欲）だ」というようなことを言いました。「グリード」とは、キリスト教で言う「大きな罪」の一つです。そういう言葉をオバマ氏は使い、収入格差を減らそうとしています。

一方、日本では、「就職するチャンスを数多く与える」という点について、努力の余地がもっとあるのではないかと思います。

例えば、「新卒でなければ就職できない」というようなことであっては、やはり厳しいでしょう。

また、最近では、「派遣切り」の問題等が言われていますが、実際には、日本はまだ本格的な流動社会になり切っていないところがあると思うのです。

会社を次々と替わっていけるような流動性が担保されていれば、派遣切りも、それほど大きな問題ではありませんが、日本には終身雇用《こよう》の意識が少し残っています。

そもそも、会社が派遣社員を使いたがるのは、結局、好況《こうきょう》・不況に合わせた雇用調整のためです。したがって、不況のときの派遣切りは、もともと、ある意味で予想されている事態なのです。

不況のときに派遣社員を切れなかったら、派遣社員は要《い》らないし、派遣制度自体も要らないのです。全部の人を正社員にしなくてはいけないのであれば、不況に対応できません。

問題は、「会社として対応できる範囲《はんい》がどこまでか」ということです。派遣社員の調整をしなければ、本体である会社そのものが潰《つぶ》れてしまい、社員がみな失業することにもなるのです。そのため、会社は必ず派遣社員などから人を減らしていくわけです。

「自助努力の精神」を失ったら終わり

派遣切りを禁止したらどうなるかというと、結局、全員が〝国家公務員〟（地方公務員も含む）になるしかないのです。

これは、かつての中国や旧ソ連と同じであり、制度上、失業がない世界です。かつての中国では、漁船で魚を獲《と》っている漁民も国家公務員ということになっていました。

実を言うと、失業のない世界とは、全員が公務員の社会です。失業があるから自由主義社会なのです。

自由主義社会である以上、会社の倒産《とうさん》もあれば失業もあります。これは受け入れざるをえません。その代わり、競争もあって、切磋琢磨《せっさたくま》もあります。また、出世するチャンスもあれば、その反対もあるのです。

要するに、国としては、「チャンスを数多くつくる」ということに努力すべきなのです。転職したり、自分を売り込《こ》んでいったりできるチャンスを数多くつくる努力は要ると思います。全員を国家公務員や地方公務員にする必要はないのです。

今は公務員削減《さくげん》問題もありますが、公務員社会では、仕事があまりない〝失業者〟を内部に数多く抱《かか》えています。失業者を出さないように役所が面倒を見ているわけです。

それは、「地震《じしん》などの災害があったときには出ていって、泥《どろ》をかき分けるぐらいのことはするので、そういう人でも置いておく。いざというときには公務員が働く」というようなことなのです。

公務員の世界では、実際上、失業対策をそうとうやっているのです。そのため、いつも余剰《よじょう》人員を抱えています。しかし、「全員を公務員にする」ということには、やはり無理があります。

それから、弱者救済に関しては、次のような考え方を持っています。

急速な経営危機、経済危機による、一過性の貧困の場合には、国家や地方公共団体による迅速《じんそく》な救済措置《そち》は必要だと言えます。しかし、それが慢性的《まんせいてき》なものになると、必ず〝怠《なま》け者大国〟になるので、それは許せないと思います。

生存権が侵《おか》されるような場合には、国家も地方公共団体も、迅速な財政出動その他、緊急避難的《きんきゅうひなんてき》に救済措置を講じる必要がありますし、宗教団体だって馳《は》せ参じる必要があるでしょう。

ただ、救済措置が、十年、二十年、三十年、あるいは、それ以上という長いスパンになり、誰《だれ》もが怠け者になっていくのであれば、これは、やはり許せません。

基本的には、「自助努力の精神」「自助論の精神」を失ったら終わりだと考えています。

7 「財産権」に関する問題

「勤労の権利」だけでなく「勤労の義務」もある

同じく「健康で文化的な最低限度の生活」に絡《から》んで、「財産権」の問題もあると思います。

第二十七条には、「すべて国民は、勤労の権利を有し、義務を負ふ。」と書いてあります。

憲法上、国民には、「勤労の権利」だけでなく、「勤労の義務」もあるのです。したがって、「勤労の義務を果たしているかどうか」ということは、一つのチェックポイントです。

国民には働く権利があります。その代わり、働ける状況《じょうきょう》にあるなら、働く義務もあります。

もっとも、全身が動かず働けないような人に、「働け」と言うのは酷《こく》な話です。病人は働けませんし、あまり年を取っても働けません。また、幼児も働けません。

しかし、「健康で文化的な最低限度の生活」の保障は、現実に働ける条件を備えていながら働かない人までをも保護する趣旨《しゅし》ではないと思われます。第二十七条によって、そのように考えられるのです。

最高税率が高すぎると、財産権侵害《しんがい》の可能性がある

第二十九条には、「財産権は、これを侵《おか》してはならない。」（第一項《こう》）、「財産権の内容は、公共の福祉《ふくし》に適合するやうに、法律でこれを定める。」（第二項）、「私有財産は、正当な補償《ほしょう》の下《もと》に、これを公共のために用ひることができる。」（第三

項）とあります。

「財産権は、これを侵してはならない。」の部分に関して、「累進《るいしん》課税が、これを侵しているのではないか」という説は根強くあります。

今は最高税率が五割ぐらいまで下がってきていますが、以前は、最高で九割ぐらいも取っていましたし、イギリスでは九十八パーセントまで取っていた時期があると思いますが、これでは財産権を侵害《しんがい》されていると言わざるをえません。

九割も税金を取ったら、普通《ふつう》は革命が起きるでしょう。これは信じられないような状況なのですが、なぜ、そういうことができるかといえば、「お金持ちであろうと貧乏人《びんぼうにん》であろうと、一人一票で同じだ」という多数決の原理の下では、富裕《ふゆう》層は必ず負けるからです。富裕層は数が少ないので、制度的な弱点をつかれているところはあります。

「富裕層だけに高い税率をかければ、文句を言う人の数は少ないので、選挙で負けない」という面がありますが、人数の多い層に税金をかけたら選挙で負けるのです。これは民主主義のジレンマの部分です。

そのため、非課税枠《わく》に該当《がいとう》する人の層は、どんどん増えていき、非課税の最低レベルが上がっていく癖《くせ》があります。そのほうが選挙に有利だからです。

富裕層を狙《ねら》えば、選挙のときに減る票は少なくて済みますし、多くの人が「ざまを見ろ」と言って喜び、〝ガス抜《ぬ》き〟にもなるため、富裕層の税負担を高めることは、よく行われています。

しかし、ある意味では、一定以上これを行うと、憲法違反《いはん》になる可能性は高いのです。

〝五公五民〟が今の日本の最高税率ですが、これが限度ではないでしょうか。

これ以外にも、年金や医療《いりょう》保険などで、いろいろと取られていますが、これは隠《かく》れた税金でもあるのです。実質上、六割、七割と取られていて、負担は、かなり重いと思います。

マルクス主義的な考え方が税務署に入り込《こ》んでいる

「相続」のところでも、やはり問題が指摘《してき》されています。「家などの不動産を受け継《つ》げないことがある」ということです。相続税を納めるために、結局、不動産を切り売りするなどしなければいけなくなるからです。

例えば、東京都品川区の池田山にあった、現皇后の実家である旧正田邸《しょうだてい》は、とうとう公園になってしまいました。皇后を出した家ぐらいは保存するのが当然かと思っていましたが、相続税のために、結局、物納され、現在は、小さな公園になっています。

あの公園は本当に必要なのでしょうか。個人が住むと畏《おそ》れ多いので、公園にしてしまったのだと思いますが、血も涙《なみだ》もないようなところがあります。

これは、社会主義というか、マルクス主義的な考え方が、税務署に入っていることを意味していると思います。はっきりと、「金持ちは悪である」と見ているのです。

ここには、「財産権の継承《けいしょう》は許さない」という考え方が明らかにあります。そのため、土地代が高く、何億円もする所に住んでいる人は、たいてい追い出されて、跡《あと》が継げないことになっているのです。

相続税が高いと、子供が親の面倒《めんどう》を見なくなる

これは、やはり問題です。

相続税が高いために、結局、子供が親の面倒《めんどう》を見なくなっている面があると思うのです。

昔の長子相続制ではありませんが、子供の一人が、土地や建物などの財産を、

そのまま相続できるのであれば、「親を引き取り、その面倒を見る」ということは、あってもおかしくないことです。

ところが、「家がなくなるのであれば、親の面倒を見るに値《あたい》しない」と考える人が出てくるわけです。家を売り払《はら》って税金を納め、残りの額を現金で得て、その一部を親が老人ホームに行く資金にします。「資金を出すので、黙《だま》って老人ホームに行きなさい。残りは、自分たちが家を建てたりする資金にする」と考えるようなことになるのです。

実は、日本人があまり親孝行をしなくなった理由として、この相続税の部分がかなり大きいと思います。

また、渡部昇一《わたなべしょういち》氏がよく言っているように、遺留分制度の問題もあります。民法には遺留分について規定があり、相続財産は子供に平等に分配されることになっているのですが、これも、やはり親孝行をしなくなった理由なのです。

これについては、「占領《せんりょう》軍が、日本を弱くするために、日本の伝統的な家制度を弱めようとして、共産主義思想を取り入れたせいだ」と言われています。

遺留分においては、相続人が配偶者《はいぐうしゃ》と子供三人の場合、まず配偶者の遺留分があって、そのあと、子供の遺留分は三分の一ずつ分割されます。このように小さくなっていったら、要するに、どの子供にも、「親を養うほどの責任がない」ということになってくるのです。

愚《おろ》かな人を表す言葉として、「たわけ」「たわけ者」という言葉がありますが、これは、もともとは、「田を分ける」ということから来ています。農家で田を分けたら、それぞれが小さくなってしまい、穫《と》れる米の量が少なくなります。そうすると、食べていけなくなります。そこで、「田を分ける者は愚かだ」と言われたのです。

そのため、かつては、「長男が田を相続し、ほかの者は独立していく」という制度があったわけです。

しかし、「このような日本の家制度と宗教制度が、日本の国を強くして、〝凶暴《きょうぼう》化《か》〟させたので、これを潰《つぶ》す」ということが占領軍の政策として行われ、「これで見事にやられた」と思うのです。

民法とも絡《から》みますが、ここのところも検討の余地はあるでしょう。

例えば、「『親の老後の面倒を見る』と宣言している子供には、全財産を譲《ゆず》ってもかまわない」ということであってもよいと私は考えます。

今、年金問題や、「老人福祉のための財源をどうするか」などということについての議論がたくさんありますが、やはり、基本的には、「最後は家族が守るべきだ」と思うのです。

自分の面倒を見てくれるのであれば、結婚《けっこん》して子供をつくる人も増えてくるのですが、老後の面倒も見てくれないのに、お金だけ取られるのであれば、「ばからしくて、子供をつくる気はない」という人が増えてきます。それが、予想されている事態なのです。

現在、不況が起きたり、老後の生活への不安が出てきたりしています。これは、ある意味で、家族観を見直すチャンスでもあると思います。

だいたい、年を取った親の生活の面倒を見られないようでは、人間として成功したとは言えません。

現在のような年金制度がなかった戦前であっても、飢《う》え死《じ》にをした老人は、まったくと言ってよいほどいないのです。

第一次的には、子供が親の面倒を見ていました。子供がなかった人は、養子をとり、自分が元気に働いているときに教育をつけて、きちんと老後の面倒を見てもらうようにしていました。

戦前は、このように、実の子供に面倒を見てもらうか、養子に面倒を見てもらうかしていましたし、そうでない場合でも、兄弟などの親戚《しんせき》が助け合いをしていたのです。

こういうかたちであれば、年金制度がなくても本当は困らないはずなのですが、今は、「家族に面倒を見てもらう」ということを忘れた社会へと移行中ではあるのです。

ここは、今後どうするか、考え方を迫《せま》られているところではないかと思います。

8 「努力する者が報われる社会」をつくるべき

以上、日本国憲法について述べてきました。

これを「弱者に優しくない考え方」と言われると、私は非常に不本意です。宗教には、弱者にとても優しいところがあるからです。

ただ、長い目で見て、「努力する者が報われる社会」をつくった国が繁栄《はんえい》することは間違《まちが》いありません。「最大多数の最大幸福」ということを考えると、基本的には、努力する者が報われる社会をつくるべきだと思います。

例外的な救済措置《そち》は、いつの時代にも必要なので、それはそれで対応すべきだとは思いますが、怠《なま》け者《もの》や、ずるいことをした者が得をするような社会は、つくってはならないと考えます。

「縁起《えんぎ》の理法《りほう》」によって、努力した者に道は開かれる。汗《あせ》を流し、智慧《ちえ》を絞《しぼ》って、頑張《がんば》った者には、豊かになる権利がある。基本的に、そういう社会をつくらなければ、未来は明るくなりません。

汗を流し、智慧を絞って、一生懸命《いっしょうけんめい》にやった人が、九十九パーセントを税金に取られるような社会をつくったならば、やはり、世の中は誰《だれ》も働かなくなるのです。

生活保護を受ける人のお金は、いったい、どこから出ているのでしょうか。それは税金から出ているのですから、税金を納めてくれる人が必要なのです。

したがって、税金を納めることに対して、名誉《めいよ》ある気持ちを抱《いだ》き、高貴なる義務感を感じるような人を育てなくてはいけません。そういう意味でのジェントルマンを数多く育てる必要があると考えます。

第3章

「幸福実現党」についての質疑応答

1　幸福実現党の魅力《みりょく》とは

【質問】

幸福実現党は、どのような政党になっていくのでしょうか。他の政党と異なる点、ＰＲポイントについて教えてください。

幸福実現党の売りは「先見性」にあり

「今、日本は非常に危機的な状況《じょうきょう》にある」ということで、すべての国民が、何か新しいメッセージを出してくれるような政党を待っています。しかし、「既存《きそん》の政党では、もはや、それができないのは分かっている」という、あきらめや無力感が漂《ただよ》っていると思います。

今まで、私の本は、主として「宗教家の著作」という分類で読まれてきましたが、最近は、『国家の気概《きがい》』『日本の繁栄《はんえい》は、絶対に揺《ゆ》るがない』（共に幸福の科学出版刊）等、政治・経済の本もそうとう出していますし、現実に政治にも影響《えいきょう》を与えています。「どこまで現実の世の中をよくしていけるか」ということを考え、提案、提言をしていきたいと思っているのです。

他の政党との違《ちが》いがあるとすれば、先見性や強い発言力、恐《おそ》れずに勇気を持って意見を言い、実現する力、そうしたものでしょうか。

幸福実現党は、宗教を基礎《きそ》としている政党ではあるので、数多くの人たちの声に耳を傾《かたむ》け、ニーズを常に吸収する力があると思います。多くの人に現実に接しているので、この世での具体的な問題点を拾い上げて、それを政治に生かしていけるのです。

すなわち、〝永田町の政治〟として、あまりにも世間から浮《う》き上がっている今の政治に対し、幸福実現党は、一人ひとりの国民に密着したかたちで意見を吸い上げ、解決策を共に考えていくわけです。

また、実際に政策提言をしたり、現実に法案を出したりして、政治が行われたとき、「その結果、どうなったのか」ということを、あとからフィードバックできるというところも、非常に大きな強みになると思います。生活に密着したかたちで、きちんとフォローすることができるはずです。

そして、幸福実現党のいちばんの売りは何かというと、結局、「先見性」です。「他の政党よりも、広く遠くまで物事が見えている」という自負があります。

実際に、今回の経済危機においても、一定の行動をとり、危機を押《お》しとどめる力の一助にはなったと思っています。現実に、政治家に数多くの提言もしてきました。その結果、意外に早いプロセスで回復しているようです。

できることは、まだまだたくさんあるでしょう。

ともかく、幸福実現党は、何でも新しいことに挑戦《ちょうせん》していく政党でありたいと考えています。

したがって、従来の政党に飽《あ》きている方、選挙を棄権《きけん》するつもりでいる方も、ぜひ幸福実現党に一票を投じてみて、「日本の何が変わるか」ということを見ていただきたいと思います。

2　税金問題について

【質問】

現在、「消費税率を上げる」と言っている政党もありますが、幸福実現党としては、どのように考えているのでしょうか。

消費税率を上げるだけでは、財布《さいふ》のひもが固くなるだけ

欧米《おうべい》と日本とでは、消費税に対する考え方がずいぶん違うようです。

消費税は、欧米では「付加価値税」と言われていて、ある程度、定着していま す。また、かなり税率が高く、十数パーセントから二十パーセントぐらいまであり、欧米人はそれに慣れているのですが、日本人は高い税率をなかなか受け入れようとはしていません。

日本人には、長年にわたって、「貯蓄《ちょちく》は美徳である」という考え方が形成されていて、「消費は、浪費《ろうひ》・散財につながり、破滅《はめつ》へと至る」という気持ちが残っているのです。これは、貧しかった時代の名残《なごり》であり、江戸《えど》時代以前のものの考え方です。

そのように、日本人の底流には「勤倹《きんけん》・貯蓄・労働」型の思想が流れていて、

「一生懸命《いっしょうけんめい》に働いてお金を貯《た》めるのはよいことだが、お金を使うことは一家を潰《つぶ》す元《もと》である」という考え方があるわけです。

欧米型の社会は、かなり消費型経済であり、消費によって景気がよくなることを知っているのですが、日本人はまだ消費を恐《おそ》れています。

その背景には、「国全体のマクロのレベルでは、多くの人が消費をすれば、消費景気が沸《わ》く。しかし、それは全体の話であって、自分個人の家計で言えば、貯金が減り、家計簿《かけいぼ》が赤字に転落するだけである。したがって、国の景気をよくするためにお金を使うのは愚《おろ》かである。自分は賢《かしこ》く貯めるので、どうぞ、ほかの人が消費をしてください」というような考え方があるわけです。

結局、この思想が変わっていないために、消費税率を上げることができないでいます。

要するに、「税率を上げると、ますます財布《さいふ》のひもが固くなり、ものを買わなくなる。そのため、景気が悪くなって税収が下がっていく」という面があるのです。

この根本《こんぽん》の哲学《てつがく》のところを変えずに、消費税率だけを上げようとしても、おそらく、そう簡単にはいかないだろうと思います。

また、日本人が、所得税や会社の法人税のような「直接税」に慣れていることは、江戸時代までの、〝お上《かみ》からの税〟というものに慣らされてきたことがかなり影響《えいきょう》していると思います。

消費税率を上げたければ、日本人のカルチャーを変える必要がある

もし、消費税率を上げて、それで税収に換《か》えたいならば、政治家や社会的に活《かつ》躍《やく》している人、有名な人たちが、消費する姿勢を率先して見せなければいけません。

「私は、これだけ、いろいろなものを買いました。良いものを買うと、やはりいいですね」というようなことをPRする機会を、国として、もっと持たなければ、税率を上げるのは無理だろうと思います。

ところが、現実はどうかというと、そういう〝贅沢《ぜいたく》〟をして見せたりすると、すぐ税務署がやってきて税金をさらに取ろうとしたり、検察が動いて逮捕《たいほ》をしに来たりすることがあるのです。

以前、ホリエモン事件等が起きたとき、「巨大《きょだい》消費を起こしそうなタイプの人は、要するに悪人である」というような意識がかなり広がりました。「堀江《ほりえ》氏だけでなく、それ以外にも、投機をしている人など、『濡《ぬ》れ手で粟《あわ》』でお金を儲《もう》けている人は悪人である」という意識が強く出てきたのですが、そういう考え方が広がると、基本的に税収は増えないのです。要するに、消費ができないからです。

「派手に儲けて、派手に使う」ということを許さないカルチャーであれば、基本的には、「少なく儲けて、ちまちま貯めて、使わない」というカルチャーになります。

つまり、日本の国のカルチャーは昔と変わっていないのです。

検察や税務署の考え方は社会主義にかなり近く、「貧乏《びんぼう》のほうが善であり、豊かであることは悪である」という思想が、彼ら公務員の底流に深く流れています。

自分たちの給料が低いことに強い不満を持っている公務員たちには、嫉妬心《しっとしん》をベースとして、民間人をいじめる傾向《けいこう》があるのです。

結局、消費税を上げようとしているのは、儲かっている人に、「お金を使って税金をもっと払《はら》え」と言っているようなものです。「儲かっていない人は、お金をあまり使わないから、税金をあまり払わなくてもよい」と考えているわけです。

この、日本のなかに根深く入っているマルクス主義的な社会主義、共産主義的な思想を変え、「豊かさは善である。消費をすることで生産者が喜び、世の中もよくなっていく」という価値観ができなければ、消費税率をむやみに上げていくことは、今の段階では難しいでしょう。

今、消費税率を上げたら、さらに不況《ふきょう》になる

税率を、十パーセント、十五パーセント、二十パーセントと上げていったら、人々がものを買わなくなって、さらに不況《ふきょう》になるでしょう。

現実に、今、消費税率は五パーセントしかないのに買い控《びか》えは始まっていますし、人々は安売りのものに飛びついて、ディスカウントショップばかりが流行《はや》っています。

「ディスカウントショップのほうに人が行き、そこばかりで黒字が出ている」という状況《じょうきょう》から見ると、ここで消費税率を上げたら、もっと多くの会社が潰れ、出血大サービス型の安売りをするところしか生き残れなくなります。

体力のあるところだけが残っていき、安売り競争のなかで潰れる会社が数多く出てくるはずです。

これに対して、今、経済的には二通りの見方があります。

一つは、「ディスカウント（安売り）で生き残っていく」という考え方です。

もう一つは、「どこにもないような付加価値のあるもの、値打ちのあるものをつくり、それを高く買っていただく」という考え方です。

「ディスカウントで黒字を伸《の》ばしている会社と、お客さまに値打ち感を感じてもらい、高く買ってもらうことで黒字を伸ばしている会社と、二種類に分かれていて、その中間地帯が全滅《ぜんめつ》してきている」というのが、現在の不況の段階なのです。

今、経済のあり方としては、そのようになっています。

ただ、ディスカウント型は、今はよいけれども、やがて競争が激しくなり、必ず潰し合いになってきます。倒産《とうさん》する会社が出てきて、勝ち残れるところはごくわずかになっていきます。したがって、先行きにおいては、地獄《じごく》を見ることになると思います。

日本に消費文化を根づかせるのは簡単なことではない

「ディスカウントする」ということは、消費税分もしくはそれ以上の金額を割り引くわけですから、「実質、消費税をゼロにする」ということです。そうした動きをしなければ消費者が動かないのであれば、国民に対する思想的な教育が十分にできているとは思えません。

お金持ちや豊かさを憎《にく》む心、あるいは、「贅沢品《ぜいたくひん》を悪と見て、課税する」という思想が、税務当局に長らくあったので、消費者には、「良いものを買うよりは、安いものを買う」という傾向が強いのです。そうすれば、ほかの人からも嫉妬されません。

このように、日本は平等性の強い社会であるために、消費税をかけにくくなっています。

したがって、私は基本的に、「日本人の考え方を消費税中心に変えていくのは、なかなか難しいだろう」と考えています。

日本の歴史を見ると、徳川吉宗《とくがわよしむね》のように、緊縮《きんしゅく》財政や質素倹約《けんやく》を奨励《しょうれい》する政策を行った人の名前はよく遺《のこ》っています。一方、徳川宗春《むねはる》は、贅沢や大盤振《おおばんぶ》る舞《ま》いをして景気をよくしましたが、罪人として監禁《かんきん》され、死んでからも墓に金網《かなあみ》をかけられ、罪人扱《あつか》いされました。

こういう文化が根強くあるのを見ると、日本に消費文化を根づかせるのはそう簡単なことではないと思います。

ビル・ゲイツやウォーレン・バフェットのように、何兆円もの資産を持つような人が現れても、人々が「すごいね」「大したものだ」「ああいうふうになりたいものだ」と言うようなカルチャーができるなら、消費税率を上げていくことは可能だと思います。

しかし、「そういう人を見たら、憎たらしくて、引きずり下ろしたくなる」というカルチャーであれば、平等性の非常に強い社会から抜《ぬ》けることはできないのです。

国民として「応分の負担」を

そうである以上、違う考え方を持ってくるべきでしょう。ある意味で、「税率の平等性」を言ったほうがよいと思います。

今、夫婦と子供二人の家庭の課税最低限度額は、三百万円ぐらいですが、税金を納めないのは、やはりフェアではありません。

金持ちの人も貧しい人も、同じく、道路その他《た》、いろいろな公共施設《しせつ》を使って生活している以上、同じ額は出せないにしても、やはり、応分の負担はするべきではないでしょうか。

例えば、渡部昇一《わたなべしょういち》氏は、「一律十パーセントの税率で何が悪いのだ。年収一億円の人が一千万円を払うのと、年収一千万円の人が百万円を払うのと、痛みは同じではないか」というような考え方を出していますが、基本的な考え方は私も同じです。

「年収十億円の人は一億円を払う、年収一億円の人は一千万円を払う、年収一千万円の人は百万円を払う」ということで、よいと思います。

ただし、年収百万円の人が十万円を払えるかどうかは分からないので、低所得者のほうは、少し軽減税率をかけなければならないかもしれません。

しかし、少なくとも、「公共のものを使っている部分については、わずかでも負担する」ということに対して、気概《きがい》を感じ、プライドを持つような国民をつくらなければいけないと思います。

税金を払わず生活保障ばかりを求める人は一部いてもかまいませんが、そうした人が数多く増えてくるような時代となっては、やはりよくありません。

「派遣《はけん》社員切り」の問題などにも、税金逃《のが》れの面があったと思います。税金をできるだけ払わないようにするために、企業《きぎょう》もいろいろ考え、支払う「給料」を「派遣料」に切り替《か》えるなど、安上がりな雇《こ》用《よう》形態を開発した面もあったかと思うのです。また、個人においても、税金を払わないで済む水準があるわけです。

「弱者に厳しい」と言われるかもしれませんが、「人間として平等であり、みな等しく一票の投票権もあって、同じ公共のものが使える」という状況であるならば、税率の多少の上下はあったとしても、やはり、直接税で応分の負担はするべきだと私は思います。

以前、ある人の試算では、「働いている国民全体に一人あたり七パーセントぐらいの税率をかければ、国家の財政は均衡《きんこう》する」と出ていました。この試算で行くと、「現在は、働いている人一人当たり七パーセントの税金を負担していないため、財政赤字になっている」ということです。つまり、税金を払っていない人は、そうとう多くいるのです。

現在は消費税も導入されているので、この七パーセントという数字が実際どうなのかは、再計算をする必要はあるでしょうが、おそらく、消費税の税率そのものを上げなくても、直接税で幅広《はばひろ》く出してもらうことで、財政赤字は埋《う》まるのではないかと思います。

公務員の給料を税収に応じて変動させる

その際、「税務署員の人数を増やすべきではない」ということを言っておきたいと思います。税収を上げるために税務署員を増やすことは、税金の無駄遣《むだづか》いであるからです。

税収を上げる一方では、やはり、無駄な公務員の部分は削《けず》り、きちんと税金を納める側に回ってもらうことが大事です。

無駄な人員を削ることは、一般《いっぱん》の会社では、どこでもやっていることです。これだけの赤字があれば、普通《ふつう》の会社なら潰れている状態です。やはり法律によって守られすぎているのです。

また、公務員の給料の額はすべて法律等で決まっていますが、これについても考え直し、公務員の給料も税収に応じて変動するようにすべきだと思います。

税収が増えたら給料が上がってもよいけれども、税収が減ったら給料も下がるように、〝変動相場制〟にしたらよいのです。

そうすれば、どうなるでしょうか。税収を増やす方法は、基本的には景気をよくするしかないので、公務員も景気をよくする方法を考えざるをえなくなります。
ところが、自分たちの給料は法律等で決まっているため、公務員のなかには、民間人の給料が上がったり儲かったりすると、それを非常にうらやむ傾向があります。そして、不況が来ると、民間人が役人に一生懸命、頼《たの》みに来て、自分たちの権力が強くなるので、不況を好む体質を持っているのです。

したがって、公務員の給料を法律等で定めることを、やめたほうがよいのではないでしょうか。

「税金の実収入に基づいて、ある程度〝変動相場〟にし、それで足りなければ転職していただき、税金を納める側に回っていただく。適当なときに転職していただく」という考え方でもよいと思います。

税金は幅広《はばひろ》く多くの人に払《はら》ってもらう

私は基本的に、「金儲けをした者は悪人だ」と考えるようなカルチャーが強く出てくるようでは、消費税を上げていくのは無理だと考えています。また、直接税も大きく上げる必要はないと思っています。

最高税率は五割もあれば十分です。

低所得者層の人に対しても、消費税率が五パーセントあれば、一割の所得税をかけなくてもよいでしょう。おそらく、一割まで行かなくても財政的には均衡するはずなので、幅広《はばひろ》く税金を払《はら》ってもらうのがよいと思います。

年収三百万円で税金が一円も払えないということは、おそらくないでしょう。一割が高いとしても、例えば、五パーセントや三パーセント、あるいは、一パーセントであってもよいので、やはり、「税金を払うことはよいことである」と考えなくてはいけません。

以前は高額納税者の名前が発表されていましたが、これは、「高額納税者をほめたたえる」という趣旨《しゅし》ではありませんでした。「儲けている人が、不正やごまかしをしていないかどうか、周りの人が監視《かんし》するために、名前を発表するのだ」と当局の人は言っていたのです。

こういう考え方があるうちは、残念ながら税収は増えないでしょう。

税金の無駄遣い《むだづか》にメスを入れる

税金についての私の考え方は、基本的に、そういうことです。

公務員の給料を法律等で定めることは、少し考え直したほうがよいでしょうし、会計検査院の検査も、おそらく甘《あま》いと思います。

また、役所を増やしていくような考え方も、やはり、やめたほうがよいでしょう。

例えば、「何か事故が起きたり、人が死んだりして、マスコミが行政の失敗を騒《さわ》ぐと、その結果、新しい役所ができる」というプロセスがありますが、こうした焼け太り型は実によくありません。生産効率が非常に悪いと思います。

今も「消費者庁をつくる」という話が出ています。なぜ、このような無駄なことを発想するのか、私には理解ができません。食の安全を守るために出てきた発想ですが、基本的に、こういうことは、役所でやれるようなことではないと思います。

実際の経済を知っている民間の代表たちによる、有志の諮問《しもん》委員会のようなものでやるのならよいのですが、役所が「庁」までつくってやるものではありません。税金の無駄遣《むだづか》いが増えるだけのことです。

そういう無駄な役所が増えたり、無駄な仕事が増えることに対して、メスを入れる力が必要であると基本的には考えています。

税収を幅広く集める方法と、無駄なところを削っていく方法と、この両方を使っていくべきです。

それにしても、前述のように、「年収三百万円でも税金を払わなくてよい」というケースがあるのは、やはり、おかしいのではないでしょうか。

しかも、児童手当を一生懸命に出して、「小学校修了《しゅうりょう》前の児童に手当てを出すから、「子供を産んでください」と頼むようなことは、何かが間違《まちが》っていると思います。

3　医療《いりょう》問題について

【質問】

最近は、医師不足などが指摘《してき》されているにもかかわらず、予算的な問題から病院が閉鎖《へいさ》されたりもしています。医療《いりょう》は、どうあるべきでしょうか。

「長生きさえすれば幸福」という考え方は正しいか

人間の寿命《じゅみょう》が予想外に延びすぎたのです。

これには悪循環《あくじゅんかん》のところがあって、「医療《いりょう》が充実《じゅうじつ》して寿命が延びると、その分、費用が必要になる。その費用を投入すると、また寿命が延びて、さらに予算が要《い》る」というようなかたちになっています。

そして、どこも、「病院が足りない。医師が足りない。看護師が足りない」と言っていますが、経営的な視点からのメスは、十分には入っていないのではないかと思われます。

要するに、いろいろなものが増える一方なのです。治療《ちりょう》にしても薬にしても増えるばかりで、「減らす」ということが、病院には、なかなかできません。「もう薬は要りません」「放っておけば治ります」などとは、なかなか言えないのです。

まず、「症状がいかに悪いか」ということを認定し、「重病人は、ありがたいお客さまである」と見るような感覚が、基本的にはあるように思います。

しかし、人間には自然治癒力《ちゆりょく》もありますし、寿命もあります。したがって、ある程度、自分の「治す力」を信じる心も大事ですし、やはり、「天命、寿命がある」ということも考えなくてはなりません。その上で、合理的な治療というものが要るのです。

「スパゲッティ症候群《しょうこうぐん》と言われる状態でもよいから、とにかく長生きさえすれば幸福である」というような考え方に、私は必ずしも賛成ではありません。

やはり、「人間は、基本的には、完全燃焼してこの世を終えるのが、正しい態度である」と思います。

病院は「経営的な視点」からの改革を

「病気を楽しんでいる」という言い方は酷《こく》かもしれませんが、年を取った人のなかには、病気であることを自慢《じまん》しているような人もそうとういます。

また、病院には、患者《かんじゃ》を増やしたがる傾向《けいこう》もあって、自動的に忙《いそが》しくなっている面もあります。

したがって、病院全体に、経営的な視点からの改革が必要です。

現実には、医学部のなかに「医学部経営学科」のようなものをつくり、効率的な病院経営の手法を教える必要があるのではないでしょうか。どうやら、医師の経営能力に問題があるような気がします。経営の勉強をもう少し入れて、効率的に経営していかなくてはなりません。

あまりにも非効率で、いちばん駄目《だめ》なのが大学病院です。「患者を長く待たせて、治療の結果も悪い」ということが多いので、もう一段、智慧《ちえ》を生かしたいところです。

企業経営の場合と同じく、ここでも二つの道があると思います。「高付加価値医療」と「ディスカウント型医療」の両方があります。

高付加価値医療は、非常に進んだ技術を尽《つ》くす高度な医療で、高い収入が得られ、黒字経営ができます。

一方、治療の内容を見切って、無駄《むだ》なことをせず、患者にあまり負担がかからないような医療を進めていくやり方もあります。

このディスカウント型医療も、やはり要るでしょう。「たくさん薬を飲んでも無駄だし、この治療を続けても無駄です」というようなことを、患者の家族などと話し、「このあたりのレベルで止《と》めましょう」というところを見切る医療も必要だと思います。

病院には、もう少し経営の視点を入れなくてはなりません。

現在は、税金を無限に吸《す》い込《こ》んでいくシステムが出来上がっていると言えます。医療費といっても、必ずしも全部が善だとは限らないと思うのです。

病院に行くと、薬が増えることはあっても、減ることはあまりありません。薬を減らすのは、たいへん難しいのでしょう。本当のところは分かりませんが、〝文明実験〟を延々とされているようにも見えます。

その意味では、「医療費を無制限に増やしていきさえすれば、医療はよくなる」という考え方は問題です。

例えば、ある地域で患者のたらい回しが起きたので、それをなくそうとして、「全国の病院で、救急態勢がとれるように、いつも医師が待機している」ということになると、本当に無駄なことになります。

大事なことは、「この病院では、こういう治療が受けられる」という情報を上手に告知することです。一般《いっぱん》の家庭にもきちんと分かるように事前に知らせておくことが大事だと思うのです。

話は変わりますが、NTTは、あるときから、それまで行《おこな》っていた「夜間の電報の配達」をやめました。

夜間の電報というものは数が少なく、また、その内容は、ほとんどが借金の取り立てでした。要するに、相手を脅《おど》すために、夜、電報を打つのです。ただ、借金の取り立て自体は、日中の電報でも別にかまわないことなので、結局は夜間の電報の配達を廃止《はいし》してしまいました。その結果、夜勤の人の人件費は要らなくなったのです。そういうこともありました。

病院も、さまざまなことをやってはいますが、一度、経営レベルで見直してみる必要はあるのではないかと思います。

医師も一種の技術者なので、こういう言い方をされるのは嫌《いや》だろうとは思うのですが、病院の経営自体が傾《かたむ》いてくると、治療の面でもおかしくなってくることがあるので、医師になってからも、適度に経営レベルを上げるような勉強を続ける努力をしたほうがよいでしょう。

また、それを応援《おうえん》するシステムも要ると思います。

家族に看取《みと》られ「自然死」できるようでありたい

私は、医療費を無制限に増やしていくことには、どちらかといえば反対です。

病人の場合、「治る」と思う病気については治療もよいのですが、ある意味で、「もう治らない」と思うのであれば、宗教の勉強など、次の段階に移る準備に早めに入ったほうがよいこともあると思います。

「この世で寿命を引き延ばすことができさえすれば善である」という考えは間《ま》違《ちが》いです。「この世で生きることが、人生修行において、価値あることである」

ということが大事なのです。

これは、「弱者を抹殺《まっさつ》する」という考えではありません。「唯物論的《ゆいぶつろんてき》に、この世に執着《しゅうちゃく》することが、正しいことだ」という考え方なら、それは間違いだと申し上げているのです。

唯物論医療のほうに偏《かたよ》りすぎているのであれば、もう一つ、霊界《れいかい》の仕組みも知った上で、「人生の最期《さいご》を、どのように迎《むか》えるか」ということを考えてみたほうがよいのです。そして、入院の必要がないのであれば、自宅にて最期を迎える人がもっと増えたほうがよいと私は思います。

今は、病院のベッドの上で亡くなる人が多いのですが、必ずしもその必要はないし、以前は、そうでもなかったのです。

もう治らないことが分かっていて、死期が迫《せま》っていたら、例えば、「ガンで、あと三カ月の命」というようなことが分かっていたら、それほど病院で治療をしてもらわずに、家族と共に楽しく過ごせばよいのではないかと思うのです。無駄な医療費を使う必要はないでしょう。

「家族と共に過ごし、人生の最期を迎える」という〝カルチャー〟も、一つ入れたほうがよいと思います。

無駄なことのために、システムをつくったり、予算を使いすぎたりすることには問題があるように思います。

少し厳しい言い方に聞こえるかもしれませんが、宗教のほうも勉強していただければ、私が言っていることの意味は分かるはずです。

「あの世に移行する」ということは、「新しく入学する」ということであり、それほど不幸なことではないのです。あの世に還るための準備をして、幸福に旅立つことが大事です。「苦しみを長引かせて、あの世への移行を困難にする」ということは、必ずしも善ではないのです。

昔は「自然死」という言葉があったのですが、今はもう、自然死は、ほぼゼロに近いでしょう。何らかの病名で死ぬのでしょうが、やはり、「家族に看取《みと》られて自然死をする」というようなスタイルを、できるだけつくっていきたいと私は思います。

4 政治とお金の問題について

【質問】

昨今、政治家の後援会《こうえんかい》事務所への不正献金《けんきん》疑惑《ぎわく》など、「政治家とお金」に関して、非常にダーティーなイメージを抱《いだ》くようなニュースをよく耳にします。幸福実現党として、政治とお金についての見解や、クリーンな政治を目指す上での政策などをお考えでしたら、教えてください。

投票型民主主義の「弱点」とは

「民主主義」といっても、基本的に、「昔は戦《いくさ》で首を取り合っていたものを、現代は投票に切り替《か》えた」ということです。相手を殺さなくても、「票を何票取れるか」ということによって政権交代をできるようにしたものが、投票型民主主義です。

しかし、これには弱点があります。投票型民主主義を行う場合には、「費用がかかる」という弱点が出てきたのです。

小さな集団のなかで選挙をするのであれば、お金はかかりません。例えば、町のなかで行うぐらいなら、あまりかかりませんが、広範囲《こうはんい》で行う場合には、どうしてもお金がかかる面があります。このシステム的な矛盾《むじゅん》はなかなか消えないでいます。

以前、「衆議院議員や知事などになろうとしたら、一億から十億の金が要《い》る」というような話を聞いたことがあります。普通《ふつう》のサラリーマンでは、そう簡単に出せる額ではありません。

そういう意味では、「お金の面での敷居《しきい》の高さが立候補者に制限をかけている」ということが言えますが、これが、善なのか悪なのかは一つの問題です。

例えば、今もそうかもしれませんが、昔のイギリスでは、貴族など財産を持っている人が政治家をするときには、「政治でお金を儲《もう》けようとする気はなく、ボランティア精神でしている」というケースが多かったのです。

ところが、今、日本の国では、大資産家の数が非常に少なくなってきています。

そういう財産を持つ人、例えば大地主は、ほとんどいなくなりました。

昔は、貴族は大地主でもありました。大地主は働かなくてもお金が入るので、政治活動をしても別に問題がなかったわけです。不労所得で食べていける層がいれば、楽に政治活動はできたのですが、働かなければ収入がない人にとっては、「働くことをやめ、〝お金を使うほう〟に専念して政治をする」ということは、非常に厳しいことです。

結局、このお金の問題によって、立派な人が政治に出られずにいることは、けっこうあると思います。その意味においては、非常に残念なところがあります。

政治資金規正法の本来の趣旨《しゅし》とは

政治資金規正法等は、昔はもう少し軽く見られていたのですが、最近は、小さなことでも、すぐ検察が動きすぎる傾向《けいこう》があるように感じます。

献金の記載漏《きさいも》れのようなものは、昔であれば注意処分で済んでいたものも、たぶんあったでしょう。注意されたら、「ごめんなさい」と言ってお詫《わ》びをすれば済んだようなことでも、今は、すぐに逮捕《たいほ》してしまうような動き方が、けっこうあります。

こういうものには、一種のファッショの気《け》（全体主義的な傾向）があるので、気をつけないと、政治的に検察が使われたりするようになって危険です。「百万円程度の記載漏れをした」といったミスを口実にして、すぐ捕《つか》まえに来るような状況《じょうきょう》になると、少し怖《こわ》いものを感じます。

こうなると、権力者に自由にやられてしまいます。ライバルを蹴落《けお》とす格好の材料にもなるし、罠《わな》にかけることもあるでしょう。「これは政治献金《けんきん》ですが、何も証拠《しょうこ》が残らないお金ですから、どうぞ」と誘惑《ゆうわく》され、それを受けてしまうと、あとで、「罠にかけられた」などということにもなりかねません。

「政治とお金」の関係については、基本的に、「お金を使えば悪い」ということではないと私は思います。ただ、政治家として優秀《ゆうしゅう》な素質を持っていても、お金がなければ出てこられないようなシステムはよくないと思うのです。

つまり、そういう人が出てくることのできないシステムを壊《こわ》すために、厳しく規正しているのでしょう。「大金を集めた人以外は政治家になれないようでは困る」ということで、やっているわけです。

「お金がクリーンであれば、政治家として優秀である」と言えるかどうかは分かりません。ただ、必要なお金の額が制約になって、優秀な政治家志望の人たちがあきらめていくのは惜《お》しいものがあります。

政治資金規正法の趣旨《しゅし》は、基本的にはそういうことなのです。数多くの人が政治家として出られるよう、チャンスの平等を保障する意味で、政治資金等が規正されたり、透明性《とうめいせい》が要求されたりしているのです。

もともとの趣旨はそのようなものであり、本当は、政治家及びその関係者を、詐欺罪《さぎざい》や横領罪《おうりょうざい》で捕まえるためにつくった法律では決してないのです。

したがって、一定の政治目的を持って、あまりにも厳格に運用しすぎると、問題が生じてくるように思います。

政治とは神聖なものである

ただ、政治献金に税金がかからない理由の背景には、「宗教と同じように、政治も『政《まつりごと》』であり、聖なるものである」という考えがあることを知らなければなりません。

政は、天照大神《あまてらすおおみかみ》以降、古代の日本神道《しんとう》のなかでも重要な「神事《しんじ》」なのです。昔は、政治は神事だったのです。それが基本として流れているところもあるので、政治とは神聖なものなのです。

したがって、「国会は神聖な神殿《しんでん》なのだ」と思い、「神聖な神殿に入る資格を持っている人を投票で選ぶのだ」というように考えなければいけません。

政治家も、ある意味での「聖職者」でなければいけないと思うのです。「政治献金として集めたお金は非課税であってもおかしくない」というのは、そういうことです。

「政治でお金を儲けよう」と思ってやっている人がいるならば、それは大変なことなので、何とか止《と》めなければいけないでしょう。

例えば、田中角栄の時代の政治家が、ある程度、金儲けを考えてやっていたようなことには、やはり、少々危険性があります。

一例を挙げると、総理大臣であれば、「どこに新幹線を通そうとしているか」といったことを事前に知っているので、沿線周辺の山林が値上がりする十年前にでも買っておけば、やがて上がるに決まっています。そして、値段が上がってから売り払《はら》い、それを政治活動の資金などにしてしまうのです。

実際に、そのようなことをした政治家もいるわけですが、これは事業と政治が一緒《いっしょ》になっているような考え方であり、基本的にはあまりすっきりしないかたちです。

「政治とは神聖なものである」という考えを持つべきです。「政治は神聖なものであるからこそ、政治献金は非課税であってもよいのだ」ということです。

したがって、「政治でもって金儲けをしよう」という趣旨で活動している人に対しては厳しい目を持ってもよいとは思います。

しかし、権力を持っている者が、この政治資金規正法の趣旨を曲げ、単に他の者を追い落とすために、手続き的なものを一生懸命《いっしょうけんめい》にいじってくることがあります。これを警戒しないと、一種のファシズムになるおそれがあると思います。

お隣《となり》の韓国《かんこく》では、政権交代をしたあと、毎回のように、「先の大統領が不正資金を蓄財《ちくざい》した」などと言って刑務所《けいむしょ》に放り込《こ》むということが次々に起きていますが、あまり近代的ではない印象を私は感じています。

これは前大統領の息の根を止めようとしているとしか思えません。「復活して政権に就《つ》いたりすることが二度とないように、罪人《つみびと》にしてしまおう」という意図を明らかに感じます。

政治的意図、つまり政敵を葬《ほうむ》る意図で、お金のところをあまり追及《ついきゅう》しすぎることについては気をつけなくてはなりません。自制しなければいけないところがあると思います。

幸福実現党においても、その政治活動に対して純粋《じゅんすい》に賛同される方は、幸福の科学の信者でなくても、自主的に浄財《じょうざい》を出していただき、それを政治資金として集めて、運営ができる方向に持っていくべきであると思っています。

もちろん、透明性を保つことは努力しなければならないと考えます。

5　外交問題について

【質問】

現在の世界情勢を踏《ふ》まえた上で、日本の外交政策の問題点や、その解決の方策について、教えてください。

「敵を減らし、味方を増やす」ということが外交の基本

外交の路線に関しては、最近では、安倍《あべ》元首相や麻生《あそう》首相などの採っている方針自体は基本的に正しいと思っているので、この点に関しては一定の評価をしています。

一定の目的を持って、自主的に国家を守り、「繁栄《はんえい》をもたらすためには、どうしたらよいか」ということを考える人がいることは、非常に大事なことだろうと思います。

『戦争論』を書いたクラウゼヴィッツも言っているように、戦争とは、外交の延長上にあるものであり、外交に失敗したときに戦争は始まるわけです。その意味において、外交は非常に大事であると思います。

では、外交はどうしたらよいかといえば、基本的に、「できるだけ、敵を減ら

して、味方を増やすように努力する」ということです。敵を減らして味方を増やすのが、外交の基本的な方針です。

「どのようにして敵をなくしていくか。どのようにして味方を増やしていくか」ということを、常に考えていくことが大事ですし、万一《まんいつ》のときに助けてくれる友人を数多くつくることが、外交の基本であると思うのです。

例えば、オーストラリアでは、最近、政権交代が起きて、日本やアメリカと非常に緊密《きんみつ》だった政権から、中国のほうにとても親近感を覚える政権へと移行しました。

もし、ここで、中国が海軍を増強して、中東からのエネルギーの輸送ルートに大きな軍事的脅威《きょうい》が加わり、補給線の部分が危険にさらされるような事態が起きたときに、中国とオーストラリアが軍事的にも非常に密接なかかわりを持っていた場合には、日本は、もはやエネルギー補給の道がほとんど封鎖《ふうさ》されてしまう可能性が高いのです。

そうなると、台湾沖《たいわんおき》を日本の船が通過することもできなければ、南下してオーストラリア方面から迂回《うかい》することもできなくなります。

昔、日本が戦争に追い込《こ》まれたときには、アメリカ、イギリス、中華《ちゅうか》民国、オランダによる「ABCD包囲網《ほういもう》」というものがありましたが、そのようなかたちで再び補給路を断たれるようなことがあってはならないと思います。そのため、将来の日本の経済が繁栄できるように、あらゆるかたちで外交ルートを開拓《かいたく》し、付き合いのできる国を増やしておくことが大事です。

したがって、アメリカともロシアともオーストラリアとも友好関係を結ばなければいけません。また、インドをはじめ、アジアの国々とも友好関係を結ぶ必要があります。

その他、日本とは敵対関係のない、イスラム教国との友好関係も重要です。アメリカは、ブッシュ前大統領のときにかなり攻撃《こうげき》をしかけたので、イスラム教国にはアメリカに対する悪感情があるかもしれません。しかし、日本に対しては特に敵対感情はありませんし、彼らは非常に親近感を持っているので、こういう国々とも、ある意味で友達《ともだち》として付き合えるように、上手に関係をつくっていったほうがよいでしょう。

なるべく、「敵を減らし、味方を増やす」ことです。そして、天然資源の少ない日本が将来も生き延びていくために、補給路の確保、あるいは貿易路の確保ということを常に考える人が、外交には必要だと思います。

もっと前向きで協力し合える日中関係を

さらに、「次なる軍事的脅威が現れたときに、どうするか」ということを考えることも、政治にとって非常に重要なことです。

今、日本にとっての現実的な脅威としては、はっきり言えば、北朝鮮《きたちょうせん》と中国しかありません。それ以外の国で、日本を攻撃しようとする可能性のある国は、今のところ地球上にはないのです。（韓国《かんこく》との局地紛争《ふんそう》の可能性はある。）

実際上は、軍事的脅威といっても、北朝鮮と中国しかないのです。この二国から攻撃を受けるようなことがなければ、日本には平和が続きます。現在の友好国との関係を損ねることなく、この二国を、どのようにしてよい方向へと導いていくかを考えることが大事なのです。

その意味で、中国に対しては、「『恨《うら》みをもって恨みに報《むく》いる』というような考え方は、もうやめようではありませんか。内政干渉《かんしょう》をするのはやめて、もう少し前向きに考えていき、お互《たが》いに協力し合えるような未来をつくれないでしょうか。ことあるごとに過去の話を持ち出して、外交関係を損ねたり、国民感情を損ねたりするのは、もういい加減にやめようではありませんか」と言うべきです。

「大国なのだから、そういうことは、もうやめようではありませんか。『日本が悪いことをした』と言うかもしれませんが、アヘン戦争以降、ヨーロッパの植民地になったのは、あなたの国でしょう。ヨーロッパの主要国の植民地になったはずです。それについては何も言っていないではありませんか。どうして日本にだけ文句を言うのですか。そういう部分に特定の意図を感じます」と言う必要があるのです。

中国を先に植民地化したのはヨーロッパ諸国です。しかし、中国はヨーロッパの国に対しては文句を言っていません。それは、やはり、別の意図があってのことではないかと思われます。しかし、未来を大事にしたいのであれば、お互いに譲《ゆず》るべきところは譲って、建設的に話し合うことが大事です。

「世界のなかで、悪い国は日本しかない」というような言い方をするのは、やめたほうがよいと思います。南京《ナンキン》事件についても、「何人、死んだか」ということは、今となっては確定できませんが、七十年以上もたっているのに、「日本が、いかに非道なことをしたか」ということを、一生懸命《いっしょうけんめい》、世界にPRするというのは、大国として、あまりにも情けない姿ではないでしょうか。少なくとも、核《かく》ミサイルをたくさん持っている国がするようなことではないと思います。

もっと力のない小国、つまり、日本に占領《せんりょう》されるおそれがあるような国がやるのならば分かりますが、日本を核ミサイルで攻撃でき、空母艦隊《かんたい》までつくろうという国のすることではないでしょう。それは、日本の国民感情を非常に害しているように思います。

日本だって、広島や長崎等で十万人単位の人が死んでいます。東京も、一晩で何万もの人が死に、焼け野原になりました。そのように、民間人がたくさん死にましたが、それをもって、アメリカとの友好関係をやめようとはしていません。その辺は、きちんと反省すべきことは反省し、積極的で前向きに取り組んでいるのです。

したがって、「日本は悪い国だ」という中国の攻撃は、実は歴史を捻《ね》じ曲げているると言わざるをえません。要するに、国内の不満をそらすために、「悪い国がありそのせいで、自分たちは今までこんなにうまくいかなかったのだ」と言っているわけです。

「毛沢東《もうたくとう》による共産主義革命があったのに、何十年も経済が遅《おく》れた」ということの説明がつかないのです。これに対して、革命が起きなかった台湾《たいわん》は繁栄しました。日本の植民地だった台湾は、自由主義の下《もと》で繁栄したのに、中国は何十年も発展が遅れたわけです。それを日本のせいにすることで、政治家が責任逃《のが》れをしたのではないでしょうか。

もっとフェアに考えなければいけません。もし、「植民地主義のような行為《こうい》をしたり、侵略《しんりゃく》したりしたことが悪い」と言うなら、ヨーロッパの国全部を平等に責めるべきですが、それはしていません。「日本が悪い」というのは、政治家が言い逃れのために言っていることであり、実際は、内政が悪い理由を日本に責任転嫁《てんか》しているだけなのです。

素直に心を開いて、もう少し、友人になれるような関係になりたいものです。また、日本の持っている素晴らしい面にも、もっと目を向けていただきたいのです。

日本は、長年、中国に対して援助《えんじょ》をしてきました。ODAなどで、毎年、一千億円あまりの額を、ずっと援助してきたのに、中国国内ではほとんど報道されていないため、中国の国民はその事実を全然知らないはずです。そのような、ずるいことをしてはいけないと思います。

朝鮮《ちょうせん》半島の平和化は中国の安全にもつながる

また、北朝鮮《きたちょうせん》も、国際レベルで見たら、国とは言えないような「わがままな駄々《だだ》っ子」のような活動をしています。この北朝鮮については、本当は、中国次第でどうにでもなるのですが、中国は、わざとこの国を使っているのです。

昔の譬《たと》えどおり、「唇亡《くちびるほろ》びて歯寒し」であって、唇が亡びたら歯が寒くなるので、中国は、〝歯〟のところを守ろうとして、〝唇〟の役を北朝鮮に押《お》し付けています。

あのような悪い国でも、存在していれば中国の防波堤《ぼうはてい》になると思って、残しているのです。「北朝鮮の問題があるかぎり、韓国軍も米軍も、日本の自衛隊も、中国に対しては何もできない」と思って、あの悪い国を放置しているのではないでしょうか。

そういう卑怯《ひきょう》なものの考え方は、もうやめていただきたいのです。

中国のほうから、きっちりと叱《しか》れば、あの国は変わることができるのです。今、北朝鮮は、食糧《しょくりょう》もエネルギーも、経済的援助も、中国に頼《たよ》っているのですから、中国のほうが「国を変えよ」と言えば、北朝鮮は変わるのです。それを、わざとしないでいるのは明らかです。

どうか、そういう考え方を改めていただきたいと思います。

中国がイニシアチブをとり、中国一国でもって北朝鮮を変えたならば、日本は中国を非常に尊敬することでしょう。

そして、朝鮮半島の平和化が、実は中国の安全にもつながると思うのです。朝鮮半島に火種があれば、日本だって何をするか分からないところがあるからです。できれば、そうはならないようにしたいものです。

北朝鮮が、「六カ国協議から離《はな》れて、核開発をする」などと言ったときに、中国の国家主席がそれを一喝《いっかつ》する姿を、ぜひテレビで観《み》たいものだと私は思います。北朝鮮は世界情勢に逆行しているので、「反省しなさい」と一喝すべきです。

今のような状態では、中国には、Ｇ７やＧ８といった先進国の経済会議に入るだけの資格はないと私は思います。

そういう自由と民主主義を守る国の仲間に入るためには、体制をきちんと変えて、それだけの国家条件を整える必要があるのです。

そういうことを述べておきたいと思います。

6　幸福実現党を支援《しえん》すると、どうなるのか

【質問】

幸福の科学の信者以外の人が、幸福実現党に投票すると、具体的にどんなよいことがあるのでしょうか。

「日本株式会社の上昇株《じょうしょうしょう》」を買うようなもの

幸福実現党を支援《しえん》することによって、少なくとも、「日本が、ますます発展・繁栄していく」という気持ちを共有することができ、一種の「日本株式会社の上昇《じょうしょう》株」を買ったような気持ちを味わうことができると思います。

私たちは、「幸福実現党に政権を任せれば、日本の未来は明るい」ということを、ぜひとも実現したいと考えています。

したがって、幸福実現党に投票した人は、日本の「発展・繁栄した未来」を見ることができ、自分もそのなかで生きることができるのです。

もしそうでなければ、没落《ぼつらく》していく国のなかで生きていく悲哀《ひあい》を味わわなければならないようになります。

幸福実現党は、ありとあらゆる考え方で、日本を発展・繁栄させるように努力していきます。

宗教的信念が入ることによって国家は強くなる

読者のみなさんのなかには、宗教嫌《ぎら》いの人もいるかもしれません。

しかし、「宗教的信念」というものが、一本、強く入ることによって、国家は強くなるのです。

宗教がしっかりしてくれれば、国家には背骨ができてきます。国家の背骨に当たるものが宗教なのです。

例えば、今、ロシアにおいては、プーチン首相が一生懸命《いっしょうけんめい》、ロシア正教の再興に力を入れています。

ロシアは、旧ソ連が解体してから、背骨のないクラゲのような国になってしまいました。そこで、もう一回、背骨をつくるためには、ロシア正教をしっかりと立て直さなければいけないと考えて、プーチン首相はロシア正教に梃子《てこ》入れをしているのです。

背骨は骨格の中心なので、背骨ができれば、やはり体がしっかりしてきます。幸福実現党は宗教を基盤《きばん》にしています。宗教が一本、背骨として通ることによって、国家は強くなり、宗教を信じていない人であっても、その御利益《ごりやく》に与《あずか》ることができるのです。

要するに、幸福実現党を支援することによって受けられる利益とは、「発展の成果を享受《きょうじゅ》することができる」ということです。

私たちは、「この日本という国を絶対に没落させない」という強い気概《きがい》を持っているのと同時に、「外国からの侵略《しんりゃく》によって、国民の生命や安全、財産が侵《おか》されるようなことは、断固、許さない」という強い決意も持っています。

幸福実現党が政権を担当したならば、北朝鮮《きたちょうせん》による恫喝《どうかつ》などは断じて許さないつもりであり、堂々たる正論を吐《は》きたいと考えています。日本国民を拉致《らち》しておいて、明確な謝罪をしない国に対しては、やはり、「断固、許さない」という意見を述べたいと思います。

弱気になっているアメリカを日本が支《ささ》えるべき

また、今後、アメリカ合衆国が、どんどん軟弱化《なんじゃくか》し、後退していくようであれば、そのお尻《しり》を叩《たた》き、「世界の正義の実現のために、もっと頑張《がんば》ろうではないか」と声をかけて、日本が理念的にアメリカを引っ張っていくぐらいにしたいと思います。

アメリカは強い力を持っていますが、リーダーの舵取《かじと》りが悪ければ、アメリカでさえ機能しなくなる可能性は高いのです。アメリカが十分に機能しなくなったら、日本のほうから逆に企画《きかく》・提案をし、それを推進して、「共にやっていこうではないか。同盟国なのだから、一緒《いっしょ》に頑張っていこうではないか」と言って、アメリカを勇気づけることはできると思うのです。

大不況《だいふきょう》が起きて、今のアメリカは、とても弱気になっており、いわば縮んでいこうとしています。

軍事的にも、アメリカには、「ベトナム戦争は間違《まちが》いだったが、イラク戦争も間違いだったのではないか」という国内世論があって、「イラクの人を大量に殺してしまった。これは善なのか悪なのかが分からない」という思いがあります。

実は、それが国としての自信を揺《ゆ》るがしている面があるのです。

ある意味で、アメリカが「世界の警察官」の座を下りるかどうかは、「今」にかかっていると思います。

警察官は、相手に暴力を振《ふ》るい、発砲《はっぽう》することも殴《なぐ》ることも逮捕《たいほ》することもあるわけですが、「暴力的だ」と相手に言われ、「そうだな。これは暴力だから、振るわないほうがいいな」と思うような状況《じょうきょう》になれば、警察は仕事ができなくなるでしょう。

現在、アメリカが、世界の警察官としての使命を放棄《ほうき》しようとしかかっているので、やはり、支えてあげる必要があります。アメリカに対して、「そう言わずに、日米が頑張り、世界の正義の実現と繁栄のために、世界を引っ張っていこうではないか」というようなことを強く言いたいのです。

国連もありますが、拒否権のある常任理事国を除けば、あとのいろいろな国は「一国一票」であるために、あまり機能しないようになっています。やはり、大国には頑張る義務があると思うのです。

アメリカは、今、「大手の自動車会社が潰《つぶ》れると困る」などと騒《さわ》いでいますが、私は、アメリカに対して、「それならば、どうか、新幹線づくりに励み、そちらのほうに従業員を移してください。日米が協力して新幹線工事をやろうではありませんか。アメリカに縦横無尽《じゅうおうむじん》に新幹線を走らせるとなると、かなり長距離《ちょうきょり》の工事になります。自動車産業の次は、そちらで生きていけばよいのです」と、ぜひ言いたいのです。そのような考え方もあると思います。

7　経済対策について

【質問】

日本の経済対策について、何かよい案があれば教えてください。

金融《きんゆう》関係を強化し、必要な資金が行き渡《わた》るようにする

今、「百年に一度の不況《ふきょう》」「大津波《おおつなみ》」などという言葉が流行《はや》っているため、企業《きぎょう》家《か》が経済の先行きに対して不安感を持ちすぎています。そして、会社の未来が見えないので、とりあえず経費の節減に走っている状況《じょうきょう》です。また、将来の発展が見えないために、とにかく、悪いことを想像している状況なのです。

そこで、幸福実現党として、どのような経済対策を行うのかということですが、その効果を、明確に分かるような言葉を使って申し上げましょう。

今、日経平均株価は九千円台で低迷していますが（五月上旬《じょうじゅん》時点）、幸福実現党が政権を取った暁《あかつき》には、平均株価は確実に二万円を超《こ》えます。

そして、日本の景気がよくなります。税収も自然に増収となり、みなさんの懐《ふところ》、家庭の台所も豊かになります。数多くの会社が立ち直って元気になります。

具体的な政策としては、特に金融《きんゆう》関係を強くしたいと思います。銀行をはじめとする金融機関が弱気になると企業は発展しないので、金融関係が強くなり、強気で積極的に貸し込《こ》んでいけるようになる政策を、強く押《お》し出していきたいと思います。

事業家たちが苦しんでいるのは分かっていても、銀行などが、不良債権《さいけん》になることを恐《おそ》れてお金を貸さなければ、中小企業は次から次へと潰《つぶ》れていきます。

今、企業は、運転資金の面でも苦しく、「人件費を削《けず》りたい」と考えて縮小均《きん》衡《こう》に入っていますし、新規の設備投資も手控《てびか》えているため、このままでは不況が長引いてしまいます。

したがって、私たちは、「特別対策として国もバックアップするから、損得を抜きにして企業を助けてほしい」ということを金融関係に強く訴えかけたいのです。そして、景気の回復と繁栄《はんえい》を促《うなが》したいと思います。

国の強いバックアップの下《もと》に金融関係を強化し、中小企業や個人に至るまで、必要な資金が行き渡《わた》るように努力したいと思います。

資金の供給量を増やし、運転資金や設備投資の資金、将来の拡大のための資金がないところに、どんどん資金を供給して、景気をよくしていきたいと考えています。

日経平均株価が「二万円」を超《こ》える状態に持っていく

幸福実現党の政策目標として、改めて次のことを掲《かか》げたいと思います。

幸福実現党を第一党にしていただけたならば、日経平均株価を、今の九千円台から、絶対に、二万円を超《こ》える状態に持っていきます。「株を持っている場合には、その財産は確実に二倍以上になる」というような状態に持っていきたいと考えているのです。

今、潰れかかっているような各企業が、みな立ち直って元気になり、売り上げが伸《の》びていけば、株価はそうなります。

そのためには、どうすればよいでしょうか。

資金の流れが止まったら経済が機能しなくなるので、金融関係が資金を出すようにしなくてはなりませんが、その資金が不良債権にならないよう、強くバックアップする体制が必要です。

したがって、やはり、金融面での力強いバックアップを行いたいと思います。

このように、まずは金融関係を強化します。金融機関、すなわち、銀行をはじめ、資金を提供する機関を徹底的《てっていてき》に強化して、そのバックアップを行います。

そして、困っている企業が、大企業も中小企業も零細《れいさい》企業も資金援助《えんじょ》を受けられるようにしますし、また、新しい起業家に関しても、どんどん融資《ゆうし》を受けられるようにします。

そういう方針です。そして、再び繁栄をよみがえらせるのです。

幸福実現党を第一党にすることが日本と世界を救う

さらに、マスコミなどが悲観的な要素ばかりを取り上げないように、具体的な対策をとります。

例えば、「人口が減少する」という悲観的な要素に関しては、人口が増加するように対策をとります。収入が倍増し、人口が増えるような対策が必要です。

そして、住む家が狭《せま》いことについては、大きな家に住めるように、容積率を緩《かん》和《わ》して、大きな家を建てられるようにします。

また、外国人労働者の問題についても、彼らが一定の日本語学習をした場合には、日本に来て労働力になっていただけるようにし、そういう教育機関等を増強していきたいと思います。

さらには、日本の技術や繁栄を他の国に移転していき、それぞれの国を豊かにして、お互《たが》いにキャッチボールをしながら、国際経済をさらに大きくするように努力したいと思います。

「幸福実現党を第一党にすることが、日本を救い、世界を救うことになる」、そう考えています。

あとがき

この世での現実の人々の幸福を実現しようとする時、宗教は政治と協力し、補完しあう関係にならなければならないと思います。

陰《かげ》で政治家を応援するだけでは間接的な成果しか得られず、また責任を十分に果たすことができないため、幸福の科学グループの総責任者として、このたび、『幸福実現党』を創唱《そうしょう》し、幸福の科学の考えを現実の国民生活にも反映させ、国家の未来を拓《ひら》いていきたいと考えます。

他宗教の信者の皆様や、地上に正義を実現し、理想的社会を創りたいと願っているすべての人々のためにも、『幸福実現党』は開かれた国民政党へと成長していく予定です。神仏の心を心として現実の政治にあたるのは、日本の国の美風でもあります。この国を世界の良きリーダーへと導いていきたいと強く願います。

二〇〇九年　五月吉日

国師《こくし》　大川隆法《おおかわりゅうほう》

本書は左記の法話・質疑応答をとりまとめ、加筆したものです。

第1章　幸福実現党宣言　二〇〇九年四月三十日説法

第2章　この国の未来をデザインする　二〇〇九年五月六日説法

第3章　「幸福実現党」についての質疑応答　二〇〇九年五月七日説法

『幸福実現党宣言』大川隆法著作参考文献

『国家の気概』（幸福の科学出版刊）
『日本の繁栄は、絶対に揺るがない』（同右）
『朝の来ない夜はない』（同右）
『幸福の科学興国論』（同右）
『仏陀再誕』（同右）

幸福実現党宣言《こうふくじつげんとうせんげん》 ――この国の未来をデザインする――

2009年6月7日　初版第1刷
2009年7月7日　　　第4刷

著　者　　大《おお》　川《かわ》　隆《りゅう》　法《ほう》

発行所　　幸福の科学出版株式会社

〒142-0041 東京都品川区戸越1丁目6番7号
TEL(03)6384-3777
http://www.irhpress.co.jp/

印刷・製本　株式会社 堀内印刷所

落丁・乱丁本はおとりかえいたします

ISBN978-4-87688-396-7 C0031
Photo:©Bocos Benedict-Fotolia.com

大川隆法 最新刊・救国の緊急提言

迫りくる国難を予見し 今、取るべき国家戦略を語る

国家の気概

日本の繁栄を守るために

◆中国の覇権主義にどう立ち向かうか
◆日本は「インド」と軍事同盟を結ぶべき
◆領土問題を脇に置いてでも「日露協商」を
◆「憲法九条」を改正し、自衛権を明記せよ
◆すべての宗教戦争を終わらせるには

1,600円

※表示価格は本体価格（税別）です。

大川隆法 ベストセラーズ・不況対策シリーズ

日本と世界の今を読み解き 未来への指針を示す

1,600円

日本の繁栄は、絶対に揺るがない

不況を乗り越えるポイント

- この不況は「ネットと携帯電話のバブル破裂不況」
- 30兆円の銀行紙幣の発行で景気は回復する
- 予算の「単年度制改正」で、財政赤字は解決する

第１章 不況を乗り越えるポイント
第２章 成功への道は無限にある
第３章 未来への指針
第４章 信仰と富
第５章 日本の繁栄は、絶対に揺るがない

どうする日本経済 どうなる国際情勢

1,600円

朝の来ない夜はない

「乱気流の時代」を乗り切る指針

- 危機の時代にこそ、「新しい価値」を生み出す努力を
- 不況期は「人材投資」に力を注げ
- オバマ大統領の誕生で世界はどう変わるか

第１章 朝の来ない夜はない
第２章 ニューヨークで考えたこと
第３章 必勝への道
第４章 仏国土ユートピアの実現
第５章 一日一生で生きよ

幸福の科学

あなたに幸福を、地球にユートピアを——
宗教法人「幸福の科学」は、
この世とあの世を貫く幸福を目指しています。

幸福の科学は、仏法真理《ぶっぽうしんり》に基づいて、まず自分自身が幸福になり、その幸福を、家庭に、地域に、国家に、そして世界に広げていくために創られた宗教です。

「愛とは与えるものである」「苦難・困難は魂を磨く砥石《といし》である」といった真理を知るだけでも、悩みや苦しみを解決する糸口がつかめ、幸福への一歩を踏み出すことができるでしょう。

この仏法真理を説かれている方が、大川隆法総裁です。かつてインドに釈尊《しゃくそん》として、ギリシャにヘルメスとして生まれ、人類を導かれてきた存在、主エル・カンターレが、現代の日本に下生《げしょう》され、救世の法を説かれているのです。

主を信じる人は、どなたでも、幸福の科学に入会することができます。あなたも幸福の科学に集い、ほんとうの幸福を見つけてみませんか。

幸福の科学の活動

● 全国および海外各地の精舎《しょうじゃ》、支部・拠点等において、大川隆法総裁の御法話拝聴会、反省・瞑想《めいそう》等の研修、祈願などを開催しています。

● 精舎は、日常の喧騒《けんそう》を離れた「聖なる空間」です。心を深く見つめることで、疲れた心身をリフレッシュすることができます。

● 支部・拠点は、あなたの町の「心の広場」です。さまざまな世代や職業の方が集まり、心の交流を行いながら、仏法真理を学んでいます。

幸福の科学入会のご案内

◆ 精舎、支部・拠点・布教所にて、入会式にのぞみます。入会された方には、経典《きょうてん》「入会版『正心法語《しょうしんほうご》』」が授与されます。

◆ お申し込み方法等については、最寄りの精舎、支部・拠点・布教所、または左記までお問い合わせください。

幸福の科学サービスセンター

TEL 03-5793-1727

受付時間　火〜金：一〇時〜二〇時　土・日：一〇時〜一八時

大川隆法総裁の法話が掲載された、幸福の科学の小冊子（毎月１回発行）

月刊「幸福の科学」
幸福の科学の
教えと活動がわかる
総合情報誌

「ザ・伝道」
幸福になる
心のスタイルを
提案

「ヘルメス・エンゼルズ」
親子で読んで
いっしょに成長する
心の教育誌

「ヤング・ブッダ」
学生・青年向け
ほんとうの自分
探究マガジン

幸福の科学の精舎、支部・拠点に用意しております。
詳細については下記の電話番号までお問い合わせください。

TEL 03-5793-1727

宗教法人 幸福の科学 ホームページ　**http://www.kofuku-no-kagaku.or.jp/**